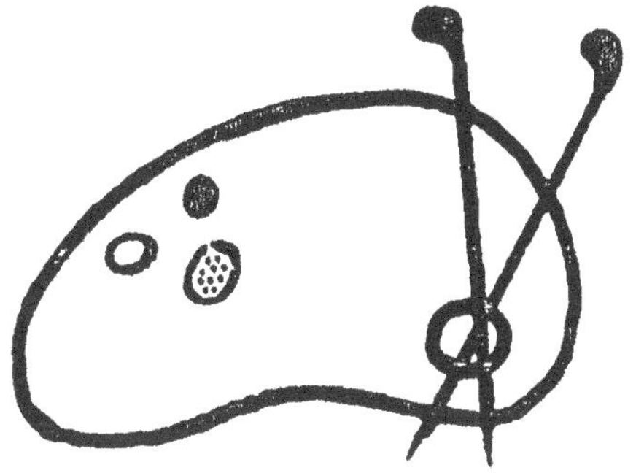

Début d'une série de documents
en couleur

UNE CONFÉDÉRATION ORIENTALE

COMME SOLUTION DE LA QUESTION D'ORIENT

PAR

UN LATIN

PARIS
LIBRAIRIE PLON
PLON-NOURRIT ET Cie, IMPRIMEURS-ÉDITEURS
8, RUE GARANCIÈRE — 6e

1905

A LA MÊME LIBRAIRIE

L'Empire byzantin. *Son évolution sociale et politique*, par Pierre GRENIER. Tome premier : *l'Etre social*. Tome second : *l'Etre politique*. Deux volumes in-16 . . 10 fr.

Questions d'Autriche-Hongrie et Question d'Orient, avec préface de M. Anatole LEROY-BEAULIEU, de l'Institut. *Le « Drang nach Osten »; la vitalité de l'Autriche-Hongrie et le danger pangermanique; les Slaves du Sud et la question d'Orient; accord austro-russe; point de vue français*, par René HENRY. 2e édition. Un vol. in-16 accompagné de 7 cartes. . . . . 4 fr.

(*Couronné par l'Académie française, prix Thérouanne.*)

Les Réformes et la protection des Chrétiens en Turquie (1673-1904). *Firmans, bérats, protocoles, traités, capitulations, conventions, arrangements, notes, circulaires, règlements, lois, mémorandums, etc.*, par A. SCHOPOFF. Un vol. in-8°. . . . . 12 fr.

Situation internationale de l'Égypte et du Soudan égyptien (juridique et politique), par Jules COCHERIS. Un vol in-8° avec une carte de l'Égypte et du Soudan égyptien. . . . . . 15 fr.

Chrétiens et Musulmans. *Voyages et Études*, par L. DE CONTENSON. Un vol in-16. . . . . 3 fr. 50

(*Couronné par l'Académie française, prix Montyon.*)

L'Europe et la question d'Autriche au seuil du vingtième siècle, par André CHÉRADAME. 3e édition. Un vol. in-8° avec 6 cartes en noir, 8 en couleurs et 4 facsimilés de documents. . . . . 10 fr.

Droit international. **Le Régime des capitulations.** Son histoire — Son application — Ses modifications, par un ancien DIPLOMATE. Un vol. in-8° . . 7 fr. 50

La Politique française en Tunisie. Le Protectorat et ses origines (1854-1891), par D'ESTOURNELLES DE CONSTANT. Un vol. in-8°. . . . . 7 fr. 50

(*Couronné par l'Académie française, prix Thérouanne.*)

Une Ambassade française en Orient sous Louis XV: *La Mission du marquis de Villeneuve* (1728-1741), par Albert VANDAL, de l'Académie française. 2e édition. Un vol. in-8°. . . . . 8 fr.

Les Arméniens et la réforme en Turquie. Conférence faite par M. Albert VANDAL, de l'Académie française, dans la salle de la Société de géographie, le 2 février 1897. Brochure in-8°. . . . . . 75 c.

La Question d'Orient. *La Macédoine. — Le Chemin de fer de Bagdad*, par André CHÉRADAME. 3e édition. Un vol. in-16 avec six cartes en noir. . . . . 4 fr.

PARIS. TYP. PLON-NOURRIT ET Cie, 8, RUE GARANCIÈRE. — 6069.

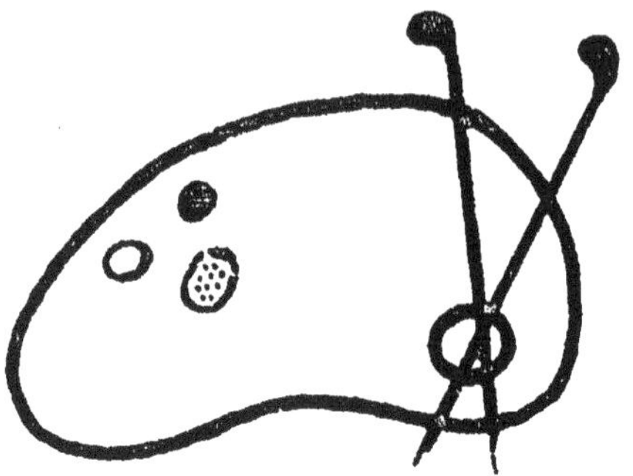

Fin d'une série de documents
en couleur

UNE CONFÉDÉRATION ORIENTALE

COMME SOLUTION

DE LA QUESTION D'ORIENT

Ce volume a été déposé au ministère de l'intérieur (section de la librairie) en janvier 1903.

PARIS. TYP. PLON-NOURRIT ET Cie, 8, RUE GARANCIÈRE. — 6069.

UNE
CONFÉDÉRATION ORIENTALE

COMME SOLUTION
DE LA QUESTION D'ORIENT

PAR

UN LATIN

« L'Italie s'est fondée sur le principe des nationalités; elle peut en élever le drapeau de préférence à toute autre nation. »

J. Novicow
(La Possibilité du bonheur).

PARIS
LIBRAIRIE PLON
PLON-NOURRIT ET Cie, IMPRIMEURS-ÉDITEURS
8, RUE GARANCIÈRE — 6^e

190[illegible]

*

AVANT-PROPOS

Le problème soulevé en Extrême-Orient par la présente guerre russo-japonaise ne saurait détourner complètement notre attention du vieux problème balkanique qui, depuis des siècles, préoccupe les nations européennes. Il faudrait des volumes pour en retracer les différentes phases et étudier les soulèvements successifs des peuples de la Péninsule contre la domination ottomane, et la fameuse question d'Orient, insoluble à première vue, reste, avec toutes ses menaces, à l'ordre du jour.

Or, dans les centaines d'ouvrages traitant spécialement de cette question ou s'y rapportant par certains côtés, nous n'avons trouvé que bien rarement, et indiquée en général de très sommaire façon, l'idée d'une solution pratique possible. Les projets de partage de la Turquie, si nombreux autrefois, sont devenus bien rares aujourd'hui et présentent l'inconvénient de rompre l'équilibre européen en favorisant telle ou telle grande puissance. On se borne donc à souhaiter platoniquement que les peuples chrétiens puissent se développer librement, ce qui est impossible dans l'état actuel des choses, en raison du régime turc et des rivalités de race. On déclare que, si désirable soit-elle, la création d'une confédération balkanique reste pour le moment dans le domaine des utopies. On parle de toutes sortes de jeux d'alliances, sans croire à leur possibilité ou à leur durée et sans rechercher une combinaison réalisable.

Il semble bien qu'il serait temps d'envisager en elle-même cette question d'Orient posée depuis des siècles, qui est une des plaies de l'Europe et qui a provoqué depuis cinquante ans deux grandes guerres européennes. Jusqu'ici, en effet, on n'a envisagé, en Orient, que l'intérêt de quelques grandes puissances, et l'on a surtout parlé du « concert européen » et de « l'intégrité de l'Empire ottoman ».

Ne devrait-on pas mettre un terme à d'incessantes agitations? Souvent elles ont failli provoquer des conflits européens, et elles menacent de s'aggraver davantage en raison des efforts que font les races chrétiennes pour élargir leur territoire aux dépens d'abord du Turc et ensuite de leurs voisins chrétiens. Penser à une solution équitable du problème balkanique est d'autant plus urgent que les réformes imposées à la Turquie par les puissances ne sauraient remédier à une situation que l'on s'accorde unanimement à trouver déplorable.

Il s'en faut de beaucoup que ces réformes, partielles et locales, soient de nature à assurer à l'État turc une succession d'années exemptes de ces secousses violentes qui menacent à tout moment de précipiter l'inévitable catastrophe ; tout au plus constituent-elles un palliatif, qui pourra prolonger pour un certain temps l'agonie du régime ottoman.

Étant donné que la situation actuelle ne saurait plus se prolonger longtemps sans que, d'une part la Russie, d'autre part l'Autriche (et derrière elle l'Allemagne) n'exercent leur poussée progressive, celle-ci vers Salonique, celle-là vers Constantinople, ce qui ne s'obtiendrait probablement pas sans mettre en feu toute la péninsule balkanique,

— aux hommes d'État appelés à fixer les destinées de l'Orient européen, comme aux personnes qui examinent la question en dehors de toute arrière-pensée favorable à l'une des grandes puissances, nous dirons ceci :

Le présent travail a pour objet de mettre en évidence une opinion toute personnelle concernant une solution possible du problème oriental. Notre idée peut sembler hardie au premier abord, mais elle nous paraît être la seule capable de mettre fin à une situation grosse de périls dans le présent et dans l'avenir.

Tout projet de confédération ou de pacification — nous n'en exceptons pas celui-ci — parviendra difficilement, lentement dans tous les cas, à réaliser quelque chose de concret, de positif; mais si notre travail, sans même provoquer une tentative d'exécution immédiate, fait germer dans l'esprit de quelques hommes d'État l'idée d'une confédération telle que nous croyons devoir la préconiser, nous estimerons que nos efforts n'ont pas été perdus.

Les peuples chrétiens d'Orient, au lieu de s'épuiser en luttes vaines pour tâcher de s'absorber les uns les autres, pourraient en effet, au prix de mutuelles concessions, vivre en fraternelle intelligence et concourir à une œuvre commune de rénovation politique et économique. Il est certain que pour réagir contre l'instinct qui les entraîne vers une politique d'expansion et de suprématie, pour sacrifier au sentiment d'équité et à l'intérêt de la pacification une part de leur idéal national, les peuples ont besoin d'un effort sur eux-mêmes plus grand et plus noble que l'ardeur naturelle qui les pousse à se combattre.

Mais, comme l'a dit, il n'y a pas longtemps, un homme politique français :

« L'humanité serait vraiment maudite si, pour faire preuve de courage, elle était condamnée à tuer perpétuellement (1). »

(1) J. Jaurès, « Discours prononcé à la distribution des prix du lycée d'Albi, » 30 juillet 1903.

UNE
CONFÉDÉRATION ORIENTALE

CHAPITRE PREMIER

COUP D'ŒIL SUR LA SITUATION DE L'EMPIRE OTTOMAN

RIVALITÉS INTERNATIONALES. — IMPUISSANCE DE LA TURQUIE. — OBSTACLES A L'APPLICATION DES RÉFORMES.

Devant le spectacle des conflits sanglants qui bouleversent à nouveau la péninsule balkanique et qui sont arrivés à leur paroxysme en 1903, on est unanime à reconnaître l'impossibilité de relever l'autorité de la Turquie — ce « turban vide » comme disait Lamartine en 1840 — dans les régions européennes encore soumises à sa domination.

Les Turcs se sont établis en Europe à une époque où les peuples orientaux, désunis, en état de décadence, méritaient de subir un maître; mais un empire fondé par la violence est fatalement destiné à disparaître le jour où il ne possède plus la force nécessaire pour primer le droit. Depuis qu'ils furent chassés par Sobiesky de sous les murs de Vienne, les Turcs ont perdu sans cesse du terrain, et nous assistons à la dernière phase de la lutte, en Europe, entre la chrétienté et l'islamisme.

La Turquie s'est toujours montrée impuissante à absorber les nationalités chrétiennes auxquelles elle s'est superposée, et aujourd'hui, l'autorité hamidienne, tour à tour débile et violente, ne peut plus retenir sous le joug les peuples opprimés depuis des siècles.

C'est en vain que, depuis soixante ans, la Porte a emprunté à la civilisation européenne quelques-unes de ses lois, quelques-uns de ses procédés administratifs. En 1839, le *hatti-chérif* de Gul-Hané, ou *loi du Tanzimat*, décrétait bien en principe l'égalité devant la loi de tous les sujets de la Porte, sans distinction de religion; mais il ne fut jamais appliqué et laissa la condition des chrétiens sans amélioration.

En établissant, en 1839 et en 1856, les bases d'un droit public ottoman; en promulguant successivement des codes et des règlements, la Turquie avait manifesté son intention de se réformer radicalement; mais les idées libérales et généreuses s'implantent difficilement dans des esprits d'un conservatisme traditionnel et intransigeant, gardant une conception arrêtée du rôle de l'État et des mœurs administratives spéciales.

Les vues politiques des Jeunes- urcs

alors même que ceux-ci auraient toujours des convictions sincères résistant à l'appât d'une haute fonction ou d'une grasse sinécure, sont forcément erronées, elles aussi; car toute organisation sociale turque ne saurait être basée que sur l'islamisme, tandis que le droit civil européen, que voudraient imiter ces novateurs, découle essentiellement de la doctrine chrétienne.

D'ailleurs, avec le plus évident bon vouloir, avec les concessions les plus étendues, la contradiction des intérêts en présence et — il faut bien le dire à la décharge de la responsabilité ottomane — les intrigues perpétuelles des grandes puissances à Constantinople, ne permettraient pas aux autorités turques l'accomplissement d'un programme de réformes. Celui-ci leur est demandé avec la conviction qu'elles sont incapables de l'exécuter et l'espoir que leur impuissance donnera prétexte à intervenir plus directement.

Depuis le traité de Vienne et dans toutes les négociations qui ont clôturé les phases les plus importantes de la question d'Orient, (Paix d'Andrinople, 1829; Traité de Paris, 1856; Traités de San-Stefano et de Berlin, 1878), les diplomates se sont toujours appliqués à résoudre cette question dans le sens de leurs intérêts respectifs, ne se souciant guère, la plupart du temps, des légitimes aspirations des peuples au nom desquels ils étaient entrés en mouvement.

De telle sorte, la question d'Orient a été envisagée comme une affaire de succession ouverte, d'héritage revendiqué par certaines grandes puissances : on peut dire que, jusqu'ici, elle a été plutôt une question d'*Occident*.

Au cours de ces dernières années, la lutte sourde qui dure depuis des siècles s'est circonscrite plus spécialement entre quatre grandes puissances : l'Allemagne, la Russie, l'Autriche et l'Italie.

L'Allemagne considère que son domaine colonial est tout à fait insuffisant pour sa force d'expansion. Poussée par le *Drang nach Osten*, à l'aide du Zollverein, — ou, pour employer une expression plus récente, de « l'association économique de l'Europe centrale » qui cache des arrière-pensées politiques, — elle cherche à parvenir jusqu'à l'Adriatique et à Trieste. Les pangermanistes ne se gênent point pour déclarer que ce port, qui est la porte commerciale naturelle ouverte sur l'Orient et le canal de Suez, est absolument indispensable à la prospérité future de l'empire agrandi, et qu'il le faudra conquérir au prix de n'importe quels sacrifices; ils ajoutent que Pola doit devenir un grand port militaire pour la flotte allemande.

Déjà, en 1818, M. de Metternich avait eu l'idée de faire entrer la ville de Trieste dans la Confédération germanique dont l'Autriche avait la présidence. Le projet n'aboutit pas, car l'acte final du Congrès de Vienne, qui stipulait expressément tous les territoires compris dans la Confédération, ne mentionnait ni Trieste ni les possesssions italiennes de la maison de Habsbourg. Cette idée fut reprise par le gouvernement autrichien en 1849, et l'opposition catégorique de la France, de l'Angleterre et de la Russie empêcha seule que toute l'Europe centrale ne tombât dès lors dans le domaine économique allemand.

On peut se rendre compte de l'influence écrasante que l'Allemagne aurait sur la péninsule balkanique si les idées des pangermanistes se réalisaient. En attendant, nous voyons avec quelle habileté, profitant de l'antagonisme traditionnel de l'Angleterre et de la Russie, l'Empire allemand a su se créer à Constantinople une situation absolument prépondérante par le chemin de fer de Bagdad.

Grâce à ce chemin de fer, dans la construction duquel l'Allemagne a placé d'importants capitaux, l'Anatolie et la Mésopotamie vont être ouvertes au commerce universel. La ligne Berlin-Constantza-Constantinople-Bagdad-Bassora a un très grand avenir, car elle constituera le chemin le plus court de l'Europe septentrionale vers les Indes. La plupart des voyageurs pour les Indes et le golfe Persique la préféreront au trajet de la mer Rouge et elle bénéficiera sans doute aussi du transport de beaucoup de marchandises d'un poids relativement faible. Les Allemands projettent ainsi d'assurer à leur activité industrielle et commerciale de vastes débouchés et la meilleure part du trafic avec l'Asie Mineure, l'Asie centrale et les Indes.

Dans les *Alldeutsche Blætter* du 8 décembre 1895, nous trouvons exposées ainsi les vues pangermaniques sur l'empire asiatique des Turcs : « L'intérêt allemand demande que la Turquie d'Asie au moins soit placée sous le protectorat allemand, et le plus avantageux serait pour nous l'acquisition en propre de la Mésopotamie et de la Syrie, et d'autre part l'obtention du protectorat de l'Asie Mineure. »

Notre opinion est que ces désirs sont irréalisables. Une Allemagne qui barrerait l'Europe du nord au sud, de la Baltique à la Méditerranée, et qui s'étendrait même en Asie Mineure, serait trop puissante pour supposer que les autres nations européennes lui permettent une telle expansion.

Voyons maintenant si la politique panslaviste a plus de chances de se réaliser un jour.

La Russie suit actuellement une politique indécise; la guerre d'Extrême-Orient prend des proportions que sa diplomatie n'a pas su prévoir et l'oblige à concentrer son maximum d'efforts contre le Japon et la Chine, ce qui amoindrira certainement, pour un temps donné, son influence à Constantinople. L'Empire des tsars, qui est à cheval sur deux parties du monde, poursuit, en effet, le double but de s'assurer des débouchés sur la Méditerranée et sur le golfe de Petchili. C'est la reconnaissance d'une loi historique d'après laquelle les États maritimes ont seuls atteint, dès la plus haute antiquité, le comble de la prospérité et de la puissance.

Les Russes ont toujours convoité la possession de la péninsule balkanique. Pierre le Grand, comprenant l'importance qu'aurait pour son empire la possession du Bosphore et des Dardanelles, rêvait déjà d'étendre sa domination sur Constantinople, considérée comme la clef des mers. Sa politique fut suivie par Catherine II et demeura traditionnelle pour tous les souverains qui lui ont succédé et dont l'idéal fut la réalisation de ce qu'on est convenu d'appeler « le testament de Pierre le Grand ».

Partant de là, de tout temps la Russie a cherché à susciter des difficultés à l'Empire turc, en poussant les petits peuples balkaniques à secouer le joug ottoman. C'est ainsi qu'elle procéda avec les Grecs pendant la révolution de 1821, puis avec les Serbes, les Bosniaques, les Herzégoviniens et les Bulgares, en faveur desquels elle intervint au nom de la chrétienté, quand elle entreprit la mémorable guerre de 1877-78, clôturée par les traités de San-Stefano et de Berlin. En vertu du premier de ces traités, la Turquie avait été morcelée au seul avantage du slavisme, ou pour tout dire du tsarisme, et elle risquait d'être bientôt effacée de la carte d'Europe. L'attitude résolue de l'Angleterre en antagonisme avec la Russie fit restituer au sultan une partie des possessions qui allaient lui être enlevées, non sans le laisser en butte, autant que par le passé, aux révoltes et aux perpétuelles menaces ayant pour motif ou pour prétexte les questions du droit des nationalités, de l'autonomie macédonienne et des réformes.

Aujourd'hui, la politique panslaviste, en partie paralysée, cherche à gagner du temps et se voit obligée de se mettre momentanément d'accord avec la politique pangermaniste par l'entente austro-russe de 1898, — les puissances européennes ayant reconnu à l'Autriche et à la Russie des « intérêts supérieurs » dans la péninsule balkanique et leur laissant le soin de poursuivre en Turquie le rétablissement de l'ordre et l'application des réformes, sous condition de maintenir le *statu quo*.

Il est probable, toutefois, que la Russie encourage secrètement une alliance entre les trois États slaves de la Péninsule (Bulgarie, Serbie et Montenegro), et que l'Autriche s'efforcera d'opérer un nouveau rapprochement entre la Roumanie et la Grèce. Au surplus, il ne doit faire de doute pour personne que si ces deux empires arrivaient un jour à se partager la péninsule balkanique, ce ne serait jamais d'une façon pacifique et durable (1).

Le gouvernement austro-hongrois profitera évidemment des embarras de la Russie pour accentuer son propre rôle; il en faut voir une première preuve dans les crédits considérables qu'il vient de demander aux Délégations pour l'armée et la marine.

Après Sadowa, comme compensation de la défaite qu'il lui avait infligée, Bismarck poussa l'Autriche vers l'Orient et l'opposa à la politique d'expansion panslaviste en lui ouvrant des perspectives sur l'Adriatique.

Seule parmi les grands États européens, l'Autriche-Hongrie n'a pas de colonies; aussi convoite-t-elle la péninsule balkanique, comme son véritable terrain d'ex-

(1) L'entente austro-russe laisse entrevoir comme un vague dessein de partager en sphères territoriales d'influence la péninsule balkanique la Russie se réservant la partie orientale et abandonnant la partie occidentale à l'Autriche-Hongrie.

pansion (1). Grâce à de gros sacrifices, cette puissance s'est fortement établie en Bosnie et en Herzégovine, où l'administration de feu Kallay a tendu à préparer son œuvre de pénétration vers le Sud. Elle cherche, sous l'impulsion du *Drang nach dem Mittelmeer*, à étendre son influence vers l'Archipel et considère la possession de certaines provinces comme une question pour ainsi dire vitale. Elle espère utiliser la ligne qui reliera bientôt Vienne à Salonique, pour affirmer sa domination, économique d'abord, politique ensuite, sur l'Albanie et la Macédoine. Les progrès, surtout en Albanie, de ses émissaires, de ses consuls, secondés par ses prêtres catholiques, troublent singulièrement les combinaisons des petits États des Balkans, qui

(1) La *Wiener allgemeine Zeitung* disait, il y a quelque années, à propos des affaires d'Extrême-Orient : « L'Autriche, ayant rendu sa part de services à la civilisation par l'occupation de la Bosnie-Herzégovine, peut se dispenser de concourir au règlement de la question chinoise. »

comprennent bien qu'il leur faudra se défendre contre une rivale redoutable.

L'Autriche, craignant en effet qu'une alliance des trois peuples slaves-balkaniques ne lui ferme la route du Sud, s'est fait reconnaître au Congrès de Berlin le droit d'occuper l'ancien sandjak de Novi-Bazar, entre la Serbie et le Montenegro; elle s'y comporte comme chez elle, y construit des fortifications et des chemins stratégiques, et, par la ligne ferrée qui fonctionnera dans un délai assez rapproché entre Sérajévo et Mitrovitza, elle séparera le Montenegro de la Serbie et barrera à celle-ci la route de l'Adriatique.

Ce tronçon, qui se raccordera, à Mitrovitza, en Macédoine, avec la ligne déjà existante Mitrovitza-Salonique (1), aura ce grand avantage pour la monarchie dualiste de déboucher directement de Bosnie sur le

(1) Cette dernière ligne relève de la haute direction financière de la Deutche Bank de Berlin.

territoire ottoman et de prendre à revers l'Albanie (1).

Toutefois l'Italie, très attentive aux progrès de son alliée dans la Péninsule, ne pourra permettre, sous peine de se voir enlever la prééminence sur l'Adriatique, que l'Autriche-Hongrie établisse sa suprématie en Albanie. Le gouvernement de Rome est décidé à y défendre sa sphère d'intérêts. Les Italiens ne peuvent oublier que la mer Adriatique s'appelait, aux quinzième et seizième siècles, *il golfo di Venezia* ou même « *il Golfo* » tout court, et qu'au Congrès de Berlin il avait été déjà question de leur laisser occuper l'Albanie, comme compensation du magnifique territoire livré à l'Autriche en Bosnie-Herzégovine.

(1) Le tracé, long de 250 kilomètres, suit, en partant de Sérajévo, la vallée du Lim, passe à Gorasde, puis à Plevje et Prielopje dans l'ancien sandjak de Novibazar, pour aboutir à Mitrovitza en territoire turc.

La ligne qui fonctionnera directement entre Vienne et Salonique inquiète surtout l'Italie, qui craint de voir détourner le trafic de la malle des Indes de Brindisi, où elle passe depuis 1871. La nouvelle voie (Ostende, l'Allemagne, l'Autriche et la Bosnie) raccourcirait en effet d'une quinzaine d'heures le trajet entre Londres et Port-Saïd. Cette concurrence éventuelle, inquiétante pour les intérêts français et italiens, appelle donc comme réponse la ligne de l'Adriatique au Danube, qui intéresserait également la Russie et les peuples balkaniques.

Cette dernière ligne partirait de Cladova en Serbie, sur le Danube (au-dessous des Portes de Fer), passerait par Nisch (Serbie), Prischtina, Ipek (Turquie), Podgoritza (Montenegro), pour aboutir à Scutari d'Albanie; de là, une voie d'intérêt monténégrin rejoindrait Antivari (Montenegro) et un second embranchement aboutirait sur le territoire ottoman à Médua. La longueur totale de cette ligne ne dépasserait guère 500 kilomètres; elle permettrait à l'Italie d'entrer en communication directe avec la Serbie, la Roumanie et la Russie, sans recourir aux lignes austro-hongroises, et de contrebalancer les avantages que la monarchie dualiste retirera bientôt du chemin de fer de Salonique. Une autre ligne, que nous conseillerons comme intéressant au premier chef l'Italie et les pays balkaniques du sud, serait celle qui partirait de Vallona en Albanie, pour rejoindre à Monastir la ligne unissant cette dernière ville à Salonique et à Constantinople.

La voie de Bosnie à Salonique ne servira, en effet, que les intérêts de l'Allemagne et de l'Autriche. La Vieille Serbie subit déjà la tutelle autrichienne et l'Albanie est menacée du même sort. Ainsi, après avoir échappé au danger de l'invasion moscovite, les peuples d'Orient seraient menacés de tomber au rang de satellites économiques et peut-être politiques de la plus grande Allemagne !

L'Autriche-Hongrie occupe les côtes dalmates jusqu'à la frontière monténégrine ; si elle possédait de plus Durazzo et Vallona, en face de Brindisi et d'Otrante, cela constituerait une menace intolérable pour l'Italie, qui devrait renoncer pour longtemps à voir ses ports de Venise et de Bari dans une situation florissante. Aussi Rome ne néglige-t-elle rien afin d'être prête à toute éventualité ; et, d'autre part, l'importance des crédits militaires et maritimes récemment approuvés par les Délégations, à Vienne, serait de nature à faire croire que l'Autriche-Hongrie envisage, parmi les obstacles qui pourraient lui barrer la route de Salonique, non seulement les peuples slaves balkaniques, mais peut-être encore son actuelle alliée latine.

Et il ne s'agit pas pour celle-ci d'un caprice ou d'un besoin nouvellement senti : déjà, dans ses discours, le grand Cavour avait souvent témoigné de tout l'intérêt qu'il attachait à la question d'Orient et en particulier à la question adriatique.

Comme l'a fort bien dit M. Charles Loiseau, dans son remarquable ouvrage intitulé *l'Équilibre adriatique* : « La seule affinité « géographique convie à un rapproche-« ment Italiens et « Balkaniens ». La rareté « de leurs relations commerciales est une « offense à la nature qui les unit par un « mince bras de mer. Leur intérêt com-« mun est manifestement de disputer à « l'Autriche-Hongrie la route de Salo-« nique.

« Il importe à la Serbie, au Montenegro, « même à la Bulgarie, que le gouvernement « de Rome fasse sentir son influence de « l'autre côté du canal d'Otrante. Et réci-« proquement, il importe à l'Italie que, par « leur poids spécifique, ces petits États « contribuent à l'équilibre albano-macédo-« nien. »

On voit donc qu'il existe de nombreux points noirs à l'horizon du côté des grandes puissances, soit alliées, soit temporairement associées dans un but de réformes à établir. Il n'y a pas longtemps que les menées et les soulèvements bulgares, l'anarchie et la terreur répandue par les fameux *comitadjis*, ont failli compromettre le classique équilibre européen et provoquer des complications internationales. Et voici qu'un comité macédonien-hellène vient de se constituer en Grèce pour lutter, en Macédoine, contre cette terreur révolutionnaire répandue par les Bulgares et venger tous les meurtres de Grecs dans ces régions. On ne calomnie peut-être pas ce nouveau comité en lui prêtant d'autres visées; dans tous les cas, composé lui-même d'éléments révolutionnaires, il ne saurait faire de l'ordre avec du désordre.

C'est le mouvement slave et les représailles turques, qui en furent la conséquence, qui ont précisément remis sur le tapis la question d'Orient.

Cette fois, la Russie et l'Autriche-Hongrie, en tant que mandataires de l'Europe, ont réussi à réaliser un des points principaux du programme de Mursztег : une gendarmerie internationale a été créée. Des officiers étrangers, de nationalités diverses, ayant à leur tête le général italien De Georgis, déploient une activité très méritoire qui ne peut manquer de donner quelques résultats favorables (1). Il va sans dire que la Turquie n'accepte qu'à son corps défendant ce contrôle européen qui l'atteint dans son autorité souveraine, son prestige et même sa sécurité ; mais elle cède devant l'insistance particulièrement menaçante de l'Autriche-Hongrie.

(1) L'action de la gendarmerie européenne en Macédoine a été répartie en cinq secteurs : les Autrichiens sont à Uskub, les Italiens à Monastir, les Anglais à Kavala, les Français à Serrès et les Russes à Salonique.

Cette réforme aboutira-t-elle complètement, et les petits États intéressés à se partager le domaine européen des Turcs laisseront-ils ceux-ci, en les supposant même sincères, persévérer dans la voie des réformes? Nous ne le croyons pas.

Car, à l'imitation et à l'incitation de certaines grandes puissances, les États balkaniques gravitent, de leur côté, autour de la politique de conquête, chacun mettant des bornes, dans le présent, à son idéal particulier, avec l'espoir de le réaliser plus complètement dans l'avenir. Il faudra donc que cette question soit une fois tranchée, et l'on serait peut-être déjà entré dans cette voie, si les événements d'Extrême-Orient n'avaient concouru au maintien de l'équilibre oriental européen, en appelant l'Empire moscovite sur les champs de bataille de la Mandchourie et en enlevant l'espoir de son intervention à certains éléments turbulents des Balkans.

Mais si les Bulgares ont cherché pour l'instant à améliorer leurs rapports avec la Turquie, il n'en est pas moins vrai que la liquidation de l'Empire ottoman en Europe sera reprise aussitôt que les événements le permettront. On sait sur quel ton menaçant le comte Goluchowski, dans son dernier discours aux Délégations, s'est exprimé à l'adresse de la Turquie, pour le cas où les réformes ne seraient pas strictement appliquées. Or celle-ci ne saurait appliquer des réformes sérieuses et devenir un État dans l'acception occidentale du terme, sans renverser les bases mêmes de sa constitution monarchique absolue.

Si, aujourd'hui, de grands États comme l'Autriche-Hongrie conservent péniblement leur équilibre à la suite du réveil des nationalités, comment espérer que les chrétiens de Turquie, opprimés depuis cinq siècles, puissent vivre en harmonie et coopérer à une œuvre de régénération avec les Turcs, dont les éloigne une haine nationale et religieuse?

Rien ne pourra donc adoucir les rapports entre Turcs et chrétiens; de nombreux mouvements révolutionnaires, à commencer par ceux de 1821 et de 1854, puis de 1876, et enfin les récents soulèvements bulgares, en sont la preuve.

C'est une chimère de croire que « l'homme malade » pourrait entrer en convalescence; que la Turquie pourrait s'établir sur de nouvelles bases politiques, attirer les peuples chrétiens comme des satellites dans l'orbite de son système de gouvernement, et appeler tous ses sujets à une existence de liberté et de fraternité. Comment concilier ces idées avec la doctrine mahométane, qui creuse un abîme entre les « croyants » et les infidèles? Ne sont-elles pas en opposition formelle avec la conception de l'État ottoman, qui découle des principes mêmes du Koran?

La Turquie a promis des réformes avant

1896, en 1878 et en 1888, sans jamais tenir parole, soit qu'elle ne voulût point les opérer, soit aussi qu'elle fût sourdement contrecarrée dans ses efforts par telle ou telle nation balkanique. Certains États sont, en effet, intéressés à prolonger, sur des points donnés du territoire ottoman, un état d'anarchie pour en tirer parti en vue soit de leurs intérêts particuliers du moment, soit de leurs ambitions respectives d'avenir.

Il faut bien l'avouer, la Turquie fut toujours médiocrement guidée dans la bonne voie par les puissances européennes, qui, tout en admettant en principe que la Sublime-Porte participât aux avantages du droit européen (Traité de Paris, 1856), maintinrent en fait sur son territoire le régime des capitulations, régime qui leur assurait d'énormes avantages en Turquie et leur fournissait prétexte à des chicanes de toutes sortes.

En résumé, nous persistons à croire que,

malgré le très sérieux effort tenté par la gendarmerie internationale en Macédoine, un plan de réformes, dans la véritable acception du mot, ne pourra jamais être appliqué dans l'ensemble de l'Empire, dont l'organisation ne comporte pas un esprit de suite suffisant.

CHAPITRE II

LES « ROUMIS » CONSIDÉRÉS DANS LEUR ENSEMBLE

Nous venons d'esquisser à larges traits les intérêts particuliers, contradictoires d'ailleurs, de celles des grandes puissances qui, en raison de leur situation géographique, se croient plus particulièrement appelées à bénéficier de la liquidation de l'Empire ottoman en Europe. Nous allons résumer maintenant l'origine, l'état actuel et l'idéal politique des éléments chrétiens qui peuplent la péninsule balkanique et qui, malgré la diversité apparente des races, — diversité basée souvent sur la langue plutôt que sur l'origine véritable, — offrent tant de points de ressemblance par le sang, la religion, le passé historique, les traditions et les mœurs, tant de souvenirs communs, tant de communes aspirations.

Dans le dernier volume des *Mélanges historiques et religieux* (1) de Renan, nous trouvons un passage saisissant qui va venir à l'appui de notre thèse :

« Au-dessus de la langue et de la race; « au-dessus même de la géographie, des « frontières naturelles, des divisions résul- « tant de la différence des croyances reli- « gieuses et des cultes; au-dessus des ques- « tions de dynastie, il y a quelque chose que « nous plaçons : c'est le respect de l'homme « envisagé comme un être moral; en un « mot, la véritable base d'une nation, avant « la langue, avant la race, c'est le consente- « ment des populations, c'est leur volonté « de continuer (ou de commencer) à vivre « ensemble... C'est qu'une nation, c'est avant

(1) Paris, Calmann Lévy, 1904.

« tout une âme, un esprit, une famille spiri-
« tuelle, résultant pour le passé de souvenirs
« communs, de gloires communes, quelque-
« fois aussi de deuils communs, car le deuil
« rassemble les cœurs autant que la gloire,...
« et pour le présent (c'est là un critérium
« d'une évidence absolue), du consentement
« des populations. »

Ce consentement, les nationalités chrétiennes des Balkans le refusent définitivement aux Turcs; mais peuvent-elles du moins se l'accorder réciproquement, sous réserve d'une condition supérieure effaçant ce qui divise pour ne laisser subsister que ce qui unit? Si nous en doutions, et si la condition supérieure ne nous apparaissait pas clairement, nous nous bornerions comme tant d'autres à des vœux stériles : tel n'est pas l'objet de ce travail.

En ce qui concerne les questions ethnographiques de la Péninsule, — et, cela soit dit en passant, si l'ethnographie est cause d'innombrables erreurs dans l'étude du passé, son application aux choses de notre temps est autrement dangereuse, — on a pu constater que les solutions présentées dépendent le plus souvent de la nationalité ou des sympathies avérées des polémistes. Quant aux Turcs, ils ont englobé sous le nom de *roumis* (1) les divers peuples chrétiens soumis à leur domination, tous appartenant au rite orthodoxe, qu'ils relèvent du patriarcat grec de Constantinople, des évêchés serbes d'Uskub et de Prissrend, ou de l'exarchat bulgare, depuis que cette dernière nationalité a constitué à part son Église, que le synode œcuménique considère arbitrairement comme schismatique.

Nous ne prétendons ni entrer dans des détails de statistique, ni discuter les polémiques acharnées qui se sont déchaînées

(1) Après la conquête de Constantinople, les vainqueurs, fiers d'avoir détruit l'empire romain, appelèrent les chrétiens subjugués *romei*, ou plus simplement *roumi*.

entre écrivains allemands, slaves, hongrois et roumains, au sujet de la permanence des éléments issus des colonies romaines dans la Dacie trajane et la péninsule balkanique. Aussi bien que pour les races germaniques et slaves du nord, par exemple, il est bien difficile d'établir exactement la véritable origine ethnique des peuples classifiés aujourd'hui comme Slaves, Grecs, etc. (1).

Les populations du massif des Balkans et du Pinde se sont plus ou moins mélangées, et si l'on compare anthropologiquement bon nombre des habitants dits Grecs, Roumains ou Slaves de la Macédoine et de l'Épire, on est bien porté à croire qu'ils formaient à l'origine un même peuple, dont, par la suite, les éléments se seraient ici grécisés, là roumanisés, ailleurs slavisés.

(1) « Nulle part la nationalité n'est unique... La France, l'État le plus national de l'Europe après l'Italie, renferme elle-même des éléments hétérogènes, les Bretons et les Basques. L'Empire allemand a des Polonais, des Vendes, des Danois et des Français. » (BLÜNTSCHLI, *la Politique*.)

Et une frontière politique n'embarrasse pas cette théorie. Si anciennement la péninsule hellénique était occupée par une ou plusieurs races venues de la Méditerranée, il est permis de soutenir que les ancêtres des sujets du roi Georges furent originaires, en majeure partie du moins, des Balkans et surtout du Pinde. De telle sorte, c'est le rameau qui voudrait passer pour le tronc.

La classification des peuples est généralement basée sur la langue qu'ils parlent. Cette règle souffre exception; dans tous les cas, elle ne saurait être appliquée à certaines parties de la Macédoine et de l'Épire (1). Il ne faut pas oublier, en effet, que la langue grecque étant devenue d'un usage presque universel en Orient pour l'enseignement religieux et scolaire aussi bien que pour les

(1) Aujourd'hui, pas plus la Macédoine que l'Albanie et l'Épire ne sont des expressions géographiques officielles, car la première de ces provinces est comprise dans les vilayets de Salonique, de Monastir et d'Uskub, et la seconde dans les vilayets de Scutari, de Janina, de Monastir et d'Uskub.

relations commerciales, cette circonstance n'implique pas du tout que les différentes nationalités aient renoncé à leurs idiomes particuliers; parfois, au contraire, elles les ont jalousement conservés à travers les siècles.

Qu'on nous permette de citer un exemple pris au delà du Danube, celui des anciennes principautés de Valachie et de Moldavie. Anciennement, le slavon y était employé depuis un temps immémorial comme langue du culte et de l'administration, absolument comme le latin chez les peuples occidentaux du moyen âge. Vers le quinzième siècle, les moines grecs ou hellénisés commencèrent à se substituer dans ces principautés aux représentants du slavisme, de telle sorte que, favorisée par les princes phanariotes envoyés par la Porte, la culture grecque fleurit dans les principautés jusqu'au moment où le mouvement de renaissance latine l'en bannit à son tour. Mais la culture grecque, comme antérieurement la culture slave, n'avait pas réussi à étouffer le sentiment national chez les ancêtres des Roumains actuels et à leur faire oublier leur langue néo-latine : pris en masse, ils n'avaient pas plus compris le slavon, puis le grec, que, de nos jours, la plupart des Macédo-Roumains ne comprennent cette dernière langue ; dans tous les cas, aucune des femmes de ceux-ci n'y est initiée.

De même, l'équivoque résultant, dans le Pinde, de la confusion établie entre la religion et la culture grecque, d'une part, et le sentiment national de race, d'autre part, ne saurait servir de base au classement ethnique dans ces régions. Les descendants des légionnaires romains ont su conserver, depuis les jours de Paul-Émile et à travers les effroyables tourmentes de deux millénaires, la conscience de leur origine, et il n'y a peut-être pas, dans l'histoire des peuples, un second exemple d'une telle vitalité de race. Ce n'est pas d'ailleurs la seule nationalité que la tutelle religieuse du patriarcat grec ait été impuissante à convertir à l'hellénisme, sans parler des Bulgares de Macédoine qui s'en sont affranchis violemment.

C'est dans l'intérêt même d'une solution pacifique du problème oriental, et sans parti pris pour ou contre l'une des races chrétiennes de la Péninsule, que nous avons cru devoir fournir ces explications succinctes concernant les populations roumaines d'au delà du Danube. L'Occident connaît moins, en effet, cet élément latin, malgré son importance en Macédoine comme intelligence, comme richesse, et même comme nombre (1).

(1) La Macédoine s'est sensiblement dépeuplée depuis les tristes événements de ces dernières années, et ne compte guère plus de 1,800,000 habitants, chiffre qui se décompose approximativement de la façon suivante :

300,000	Turcs.
375,000	Roumains.
200,000	Albanais musulmans.
100,000	Albanais chrétiens.
450,000	Bulgares.
50,000	Serbes.
250,000	Grecs.
100,000	Israélites.

Il serait pourtant d'une absolue impossibilité d'arriver à une entente comprenant le royaume de Roumanie — bien qu'État extra-balkanique, sauf pour la Dobroudja — comme à un démembrement éventuel de la Turquie d'Europe, sans tenir compte de ce facteur important.

Il est bon de rappeler que le gouvernement ottoman, bien avant d'admettre, dans la commission des réformes, un délégué « valaque » comme représentant d'un élément distinct, — un point sur lequel nous reviendrons, — a formellement reconnu aux Roumains de l'Empire l'indépendance religieuse, synonyme en Turquie d'individualité de race, et cela malgré l'énergique opposition du patriarcat grec de Constantinople.

Le patriarcat, en vertu d'une tradition ou plutôt d'une usurpation séculaire, tend à confondre l'orthodoxisme avec l'hellénisme dans l'ouest et le sud de la péninsule balkanique, et redoute, après l'hégémonie religieuse des Bulgares, celle des Roumains de Turquie, et vraisemblablement plus tard celle des Albanais du rite oriental. Notons en passant, ou plutôt répétons, puisque nous l'avons dit à propos de l'exarchat bulgare, que la volonté de ces différentes races de posséder une Église propre, indépendante du patriarcat, ne constitue pas en réalité un schisme, du moment qu'elles restent fidèles à tous les dogmes de l'orthodoxie.

La propagande grecque en Macédoine est entrée ces temps derniers dans une phase de violence dangereuse, depuis qu'effrayée par les progrès de la cause roumaine, elle semble vouloir imiter les procédés d'intimidation des comitadjis bulgares (1). Si cette

(1) Les collisions que l'on a signalées tout dernièrement dans diverses localités, et notamment à Monastir, se sont d'ailleurs produites entre Roumains dits *grécomanes* ou hellénisés, fermement attachés à l'Église grecque représentée par le Patriarcat, et Roumains que l'on pourrait appeler *latinisants*, c'est-à-dire qui recherchent avant tout, dans l'institution de communautés et d'églises roumaines, la conservation de leur individualité ethnique.

attitude continuait à être ouvertement soutenue par les ministres de l'Église patriarcale, elle constituerait un réel danger pour la paix en Macédoine et ne ferait sans doute que le jeu de l'Autriche-Hongrie, toute prête à faire avancer ses régiments de Novibazar pour venir rétablir l'ordre, au cas où l'Europe craindrait d'abandonner ce soin aux troupes impériales ottomanes.

Les panhellénistes sauraient-ils oublier — et ce souvenir devrait les incliner à l'équité — que les Roumains du Pinde et les Albanais, les premiers surtout, furent longtemps les plus fermes soutiens de l'hellénisme, et que l'un des précurseurs de la révolution grecque, le poète Rigas, Roumain de Thessalie, ne confondait pas dans ses chants les diverses races balkaniques, lorsqu'il s'écriait :

Bulgares et Albanais, Serbes et Roumains,
Épirotes et insulaires, d'un même élan
Tirez le sabre pour la liberté ;
L'Hellade vous appelle et vous tend les bras !

Bulgares, Roumains, Serbes, Albanais et Grecs, telles sont précisément les nationalités épiro-macédoniennes que nous allons maintenant examiner avec quelque détail. A la classification établie, voici cent ans et plus, par le barde très averti de l'émancipation hellénique, nous n'aurons à ajouter, pour être complet, que les Monténégrins.

CHAPITRE III

LES BULGARES

La principauté de Bulgarie fut créée sur des bases assez équitables par le traité de Berlin; mais ses habitants n'ont jamais pu oublier que le traité de San-Stefano leur assignait un territoire s'étendant du Danube à l'Archipel et englobant la Macédoine et une partie de la Thrace. Aussi, pour arriver à regagner les frontières que voulait d'abord leur assurer la Russie et dont les priva le *veto* de l'Europe, les Bulgares ont-ils déployé une énergie, une audace révolutionnaire susceptibles de provoquer les plus grandes complications, si l'Autriche-Hongrie et la Russie, en tant que puissances mandataires, n'avaient assumé la charge d'enrayer leur action en Macédoine par l'application, si laborieuse, si décevante d'ailleurs, d'un programme de réformes.

Au point de vue historique, les prétentions des Bulgares à s'étendre seuls vers le sud ne sont pas plus légitimes que les prétentions des Grecs à s'étendre seuls vers le nord, puisque les territoires convoités par les uns et par les autres ont une population qui n'est en majorité ni slave ni hellénique. Dans tous les cas, les Bulgares ne sauraient invoquer le droit historique, puisque ce peuple, en partie composé d'éléments touraniens et finnois slavifiés, est le dernier venu de tous dans la péninsule balkanique, où il trouva, au sixième siècle, l'élément roumain, dont il subit l'influence civilisatrice et avec lequel il vécut en bonne intelligence.

Du septième au douzième siècle, l'histoire des Bulgares se confond avec celle des Roumains du sud; sous la dynastie des

Assanides, l'Empire roumano-bulgare fait plus d'une fois trembler sur leur trône les maîtres de Byzance, qu'il s'agisse de l'Empire grec ou de l'éphémère Empire latin.

De 1185 à 1260, cet État roumano-bulgare arrive au point culminant de sa puissance sous l'impulsion de deux frères, Roumains d'origine, dont nous aurons à reparler; il gravit peu à peu les terrasses du Pinde, et Jean Assan II, en 1230, voit sa domination s'étendre du Danube jusqu'à Larissa.

Les Bulgares invoquent ces conquêtes comme base de leurs prétentions sur la Macédoine; mais en faisant même abstraction du droit historique, que nous leur refusons, l'occupation de ces vastes territoires par la petite principauté déchaînerait de perpétuelles hostilités entre les races.

La disparition des Assanides entraîna la dislocation de leur empire. Les Bulgares tombèrent, en 1390, sous le joug des Ottomans et supportèrent avec une remarquable résignation, pendant des siècles, une domination arbitraire et rapace.

Ce peuple de paysans, uniquement adonné à l'agriculture, se plia au silence de la servitude jusqu'au moment où un ferment de liberté éveilla chez lui des sentiments de révolte et des aspirations vers un meilleur état social.

D'autre part, le courant panslaviste se manifestait dans le grand empire du Nord dès 1780. Un ouvrage historique sur les Slovéno-Bulgares, publié par Païsie, un moine bulgare du mont Athos, faisait grand bruit en Russie; Venelin, Aprilov et leurs disciples imprimaient au slavisme une énergique impulsion. Mais, comme tous les autres peuples chrétiens soumis aux Turcs, les Bulgares subirent surtout l'influence de la révolution grecque de 1821, cette fille posthume de la Révolution française, et qui la première déchira le pacte de la Sainte-Alliance. Préparée depuis vingt-cinq ans dans les principautés roumaines, l'indépendance hellénique, dont d'autres que des Grecs furent les facteurs dominants, fit naître chez tous les raïas l'espoir de la liberté.

Pourtant les Bulgares furent les plus lents à prendre conscience de leur nationalité, et ce n'est pas avant 1840 qu'ils reçurent des encouragements de l'Occident, quand les écrits de Cyprien Robert les firent enfin connaître à l'Europe.

L'émancipation ecclésiastique étant, en Orient, le prologue de l'émancipation politique, — par le fait que le Synode œcuménique est dans la main des Turcs, quand il n'agit pas sournoisement comme agent du panhellénisme, — les Bulgares, soutenus par la diplomatie russe, réclamèrent, dès 1857, leur Église autonome. Ils ne réussirent point tout d'abord à l'obtenir, en raison du *veto* opposé par le patriarcat de Constantinople, sur la base moins de privilèges formels que lui aurait reconnus le conquérant de Byzance, que d'une tradition séculaire abusive. Irrités par cette résistance, les nationalistes, malgré les efforts des autorités ottomanes pour enrayer le courant, redoublèrent d'ardeur, usant de la presse, des brochures et de toutes les autres formes de la propagande.

Enfin, menaçant d'une révolution si l'on n'accédait à leur vœu, et malgré la résistance désespérée du Synode œcuménique, les Bulgares finirent par obtenir une juridiction spirituelle particulière, sous le nom d'exarchat. Le firman de 1870, constitutif de cet exarchat, fut à la fois la base de l'Église bulgare et le point de départ du développement politique de ce peuple. Le patriarcat recourut au moyen suprême, l'excommunication, et déclara schismatique l'exarchat bulgare, ce qui d'ailleurs n'entrava en rien l'existence de celui-ci.

Cependant, après cette concession de

principe de la part des autorités turques, le haut clergé grec intrigua de telle façon que la reconnaissance par bérat fut refusée par la Porte aux évêchés bulgares. D'autre part, l'administration ottomane persévérait dans ses procédés vexatoires; aussi les comités panslavistes de Moscou, qui encourageaient la rébellion, trouvèrent-ils un terrain favorable. C'est alors, après quelques soulèvements réprimés par des massacres barbares, que le peuple bulgare implora l'aide de la Russie et s'adressa à l'Europe, en réclamant son autonomie et un gouvernement national garanti par les puissances.

La guerre de 1877 sortit de là. On sait comment le succès des armes russes et roumaines amena l'indépendance de la Bulgarie.

La nouvelle principauté devait avoir un prince élu par le peuple et confirmé par la Porte avec le consentement des puissances. Une assemblée nationale fut chargée de rédiger la constitution sous la surveillance d'un gouvernement provisoire russe, contrôlé par les représentants de l'Europe.

Depuis, grâce aux efforts patriotiques de ses hommes d'État, la Bulgarie sut s'affranchir des influences étrangères et elle poursuivit sans répit l'absorption de la Roumélie Orientale. Cette province, de par le traité de Berlin, était soumise à un régime bâtard : elle devait être administrée par un gouverneur chrétien, désigné pour cinq ans par le sultan avec l'approbation des puissances; une commission européenne devait régler l'organisation de la province, l'administrer provisoirement d'accord avec la Porte et déterminer les attributions du gouverneur général; le maintien de l'ordre était confié à une gendarmerie indigène, assistée de milices communales. Cette situation hybride offrait quelque analogie avec celle de la Macédoine de 1904, et l'exemple n'est pas à recommander.

En effet, l'action nationale bulgare, nullement satisfaite de ces concessions, aboutit à la révolution de 1885, qui annexa la Roumélie Orientale à la principauté. Pour préparer cette révolution, on avait recouru à peu près aux procédés employés actuellement en Macédoine. Un comité secret s'était formé à Sofia, dont faisaient partie des personnages importants et qui mit en œuvre les agents de propagande, la presse, les publications à l'usage du dedans et du dehors, jusqu'au jour où la révolution souleva toute la province et amena l'établissement d'un gouvernement provisoire qui décréta une levée en masse et proclama l'annexion à la Bulgarie.

Par leur action audacieuse mais longuement préméditée, les Bulgares avaient donc déchiré le traité de Berlin et remis en vigueur partiellement, en ce qui les concernait, les dispositions du traité de San-Stefano qui créaient une grande Bulgarie. La Turquie recula devant une guerre avec la

Bulgarie. Déjà la Macédoine se trouvait en pleine effervescence pour obtenir au moins les réformes prévues par le traité de Berlin et qui étaient restées lettre morte; de son côté, la Grèce s'agitait, tandis que les plaies profondes qu'avait laissées à l'Empire ottoman la guerre de 1877 n'étaient pas encore bien cicatrisées. Tout espoir de reprendre la Roumélie Orientale lui semblant vain, la Turquie se résigna à signer, en 1886, l'arrangement qui conférait le titre de gouverneur de cette province au prince Alexandre, lequel reconnaissait en échange la suzeraineté de la Turquie.

La note communiquée à cette occasion aux grandes puissances fut accueillie avec peu de bienveillance. La Russie notamment, froissée par les velléités d'indépendance du prince de Bulgarie, qui peu à peu s'éloignait de Saint-Pétersbourg, fit des réserves, sous prétexte que les intérêts de la Serbie et de la Grèce étaient lésés, et elle exigea quelques changements qui furent consentis.

Cette méfiance générale était justifiée, puisque de cet agrandissement de la Bulgarie sortit la guerre avec la Serbie, qui devait avoir pour résultat indirect l'abdication des deux princes, le vainqueur et le vaincu. Non moins légitime fut la mauvaise humeur du tsar, par le fait que les hommes d'État de Sofia accentuèrent bientôt une politique consistant, d'une part, à s'affranchir de plus en plus de l'influence russe; d'autre part, à tourner tous leurs efforts vers la réussite des aspirations nationales en Macédoine.

Pour combattre l'hellénisme encore dominant, ils fondèrent dans les centres les plus importants des écoles secondaires et commerciales, et presque dans tous les villages où était représenté l'élément slave, même serbe, des écoles primaires pour les deux sexes. Le clergé prêta son concours au corps didactique pour travailler à la réalisation d'un programme nettement établi. Dans la région d'Ochrida, où nombre de villages slaves étaient restés sous l'influence du patriarcat œcuménique, les propagandistes répandaient les livres religieux en langue bulgare pour détacher leurs congénères de l'Église grecque.

Le mouvement avait changé d'allure; secret au début, pour ne pas réveiller l'indolence des Turcs, tant que les Bulgares furent faibles et désunis, il s'accentuait à mesure que la majorité des fidèles de cette race acceptait la juridiction ecclésiastique de l'exarchat. L'obtention des bérats épiscopaux pour les centres les plus importants de la Macédoine contribua grandement à cet essor.

A Ochrida (1), le siège métropolitain étant

(1) Dès l'introduction du christianisme, alors que la péninsule balkanique était encore couverte de populations romaines ou romanisées, un patriarcat avait existé à Ochrida. Un patriarcat serbe fut également érigé à Ipek dans le premier quart du treizième siècle. Le patriarcat grec

devenu vacant, un métropolite fut nommé pour administrer les Églises rattachées à l'exarchat, lesquelles, petit à petit, attirèrent tous les chrétiens de cette région dans la sphère des communautés religieuses bulgares.

Stambouloff avait déjà réussi à obtenir de la Porte deux bérats pour les sièges d'Ochrida et d'Uskub : toute la Macédoine du nord subit donc aujourd'hui l'influence ecclésiastique et culturale bulgare. Des évêchés dépendant de l'exarchat sont établis à Monastir, à Ochrida, à Velès, à Uskub, à Nevrecop, à Dibra et à Strumnitza; très peu d'éléments bulgares ont conservé leurs sympathies pour l'hellénisme et gardé un lien spirituel avec le patriarcat. La lutte

et le Phanar, travaillant à l'hellénisation de toutes les populations chrétiennes, obtinrent en 1667, sous le sultan Mustapha III, la suppression de ces deux sièges religieux autonomes, dont les querelles de suprématie avec le patriarcat de Constantinople furent particulièrement vives au sixième et au septième siècles.

d'influence entre les deux Églises donna lieu naturellement à de fréquentes mésintelligences et à de graves conflits, les Bulgares cherchant systématiquement à s'affermir sur tous les terrains, en vue de l'annexion future de la Macédoine.

Il ne faut pourtant pas exagérer la part d'influence afférente à l'Église et à l'école. C'était trop peu pour secouer l'apathie de paysans mêlés à des populations turques et albanaises. Au contraire, les comités révolutionnaires, étendant partout leurs ramifications, avec le prêtre, l'instituteur et un ou deux notables pour noyau, surent exercer une vigoureuse pression sur les indécis, en même temps que les *comitadjis* (1) châtiaient les réfractaires. De telle façon, en une dizaine d'années, le fanatisme qui provoque les actes les plus téméraires fut inculqué aux

(1) Ils sont dirigés et soldés par le « Comité des Insurgés de Macédoine et d'Andrinople », dont les membres les plus militants sont Boris Sarafow et Damian Groujew.

plus molles, aux plus passives populations.

Beaucoup de ces Macédo-Bulgares, réfugiés dans la principauté, sont arrivés à y occuper de hautes fonctions civiles et militaires; comme de raison, ils compatissent aux souffrances de leurs frères de Turquie; car, il faut bien insister là-dessus, plus que tout autre, l'élément bulgare a souffert du régime arbitraire ottoman, et cela par le fait même des occupations agricoles de ses membres qui leur ont valu d'être ravalés à la condition de serfs des beys musulmans.

A la longue, cet état d'oppression et de misère, habilement exploité, devait engendrer les instincts de révolte dont les comités mentionnés plus haut ont si bien tiré parti. A l'envi, le maître d'école bulgare et son élève sont devenus les agents les plus actifs de la révolution dans les villages de Thrace et de Macédoine, s'appliquant à exciter contre les Turcs les sentiments de haine qui ont abouti à l'organisation de bandes d'insurgés, aux attentats de Salonique, aux massacres de Kroushévo, à la destruction des récoltes, à l'incendie de nombreux villages soit musulmans, soit bulgares; en un mot, à toute l'horreur des révoltes furieuses et des sanglantes répressions.

On peut clairement comprendre que, chez les Bulgares, toute demande d'autonomie pour la Macédoine cache le désir de voir, après une période troublée, l'annexion à leur principauté de cette province où les éléments appartenant à leur race sont nombreux et par endroits assez compacts. Une puissante considération économique vient encore à l'appui de cette politique nationaliste : il est certain qu'en s'étendant vers le sud, la Bulgarie s'approprierait le port de Salonique, qui serait pour elle une décisive garantie de prospérité.

Mais une autonomie macédonienne au profit de leur race, telle que la désirent les

Bulgares, — sous l'autorité nominale de la Turquie, pour marquer une étape, avant la pleine réalisation de leurs aspirations, — peut être considérée comme une dangereuse velléité. La réaliserait-on jamais sur le papier, qu'en fait les musulmans ne sauraient consentir de plein gré à abandonner leurs fonctions et à voir s'établir une ère d'égalité entre eux et les Bulgares.

Il faudrait la force des armes pour amener un tel résultat, essentiellement précaire, puisque la perspective de l'hégémonie bulgare ne saurait satisfaire les autres populations, lesquelles sont individuellement en minorité vis-à-vis de l'élément favorisé, mais forment, réunies, une majorité contre lui. C'est pourquoi la formule « la Macédoine aux Macédoniens » restera vaine, tant qu'on ne lui apportera pas un correctif barrant toutes les ambitions ethniques des voisins.

Contre la solution hypocrite que préconisent actuellement les Bulgares pour procéder ensuite comme avec la Roumélie Orientale, rappelons que, même dans ses possessions européennes les plus éloignées, comme la Bosnie, l'Herzégovine et la Crète, la Turquie ne peut se résoudre à l'application des réformes; elle considérerait donc comme un suicide l'autonomie macédonienne sous l'autorité nominale du sultan. Elle usera jusqu'au bout de ses moyens dilatoires habituels, elle qui toujours a su se résoudre à perdre des provinces plutôt que de les réformer; car si l'esprit de sa politique était susceptible de s'assimiler les principes de la civilisation occidentale, elle eût procédé elle-même, avec honneur et profit, à une évolution politico-sociale accomplie sans secousses, en dehors de toute intervention étrangère.

Même à présent que les prétentions des puissances sont si limitées, ne voit-on pas quelles difficultés rencontre l'exécution de ce programme tracé par la Russie et l'Autriche-Hongrie en tant que mandataires de l'Europe? L'organisation d'une gendarmerie dirigée par des officiers étrangers, malgré tous les efforts méritoires de ceux-ci, rencontre à elle seule de tels obstacles, qu'on ne sait s'il ne faudra pas bientôt recourir à cette intervention plus énergique que laissait prévoir récemment le comte Goluchowsky.

La présence des Turcs nous paraît donc rendre insoluble le problème de l'autonomie de la Macédoine. Quant à une annexion plus ou moins différée de la Macédoine à la Bulgarie, même si ce rêve caressé par les Bulgares pouvait se réaliser, il se produirait entre la race dominante et ses rivales d'interminables conflits qui, sous une autre forme, rouvriraient la question balkanique avec plus d'acuité peut-être, car du moins l'état actuel est considéré par tous comme provisoire et laisse la porte ouverte à toutes les espérances.

Admettons que le système qui a réussi aux Bulgares pour la Roumélie orientale leur réussisse encore pour la Macédoine; que les procédés turcs, exactions, assassinats, incendies, jettent toutes les races désespérées dans les bras du panbulgarisme, dont la propagande par le fait revêt d'ailleurs des formes aussi horribles. Pourrait-on conclure de ce début — car, après avoir taillé, il s'agirait de coudre — qu'un État de quatre millions d'habitants saurait s'imposer à toutes les nationalités éparses sur le territoire macédonien, qui, de la première à la dernière, avec les mêmes droits, aspirent à une existence politique propre, à un développement national individuel?

Et chacune de ces nationalités macédoniennes n'a-t-elle pas un appui extérieur, au même titre que l'élément bulgare impuissant à les absorber et qui seul verrait ses vœux comblés?

Peut-on croire que la Grèce, qui étend ses visées jusque sur Constantinople; qui, depuis des siècles, nourrit un idéal panhellénique; qui a dans son jeu l'influence restée considérable du patriarcat; qui impose encore sa langue par le culte, l'école et le négoce, consentira à se voir barrer tout avenir, sans recourir contre les Bulgares aux moyens révolutionnaires qu'elle a d'ailleurs trop bien enseignés à ceux-ci? La Serbie elle-même, quoique atteinte d'une moindre mégalomanie, resterait-elle impassible? Mais elle étouffe dans ses limites actuelles et aspire à s'ouvrir une fenêtre sur la mer Égée, depuis que la domination autrichienne en Bosnie et en Herzégovine lui interdit l'espoir d'arriver à l'Adriatique. La Roumanie, de son côté, ne saurait s'accommoder, pour des raisons qui apparaîtront clairement au chapitre suivant, d'un agrandissement aussi considérable de la Bulgarie, même au prix de certaines compensations.

Nous ne saurions mettre en ligne les intérêts des Turcs immigrés; mais il faut bien parler des Albanais, puisqu'ils sont autochtones. Les uns et les autres, accoutumés depuis des siècles à considérer les Bulgares comme des serfs attachés à la glèbe pour leur plus grand profit, verseraient leur sang jusqu'à la dernière goutte plutôt que de se soumettre débonnairement à celui des peuples chrétiens qu'ils ont le plus opprimé parce qu'il le considéraient comme inférieur à tous les autres.

Donc une Grande Bulgarie rencontrerait l'hostilité absolue d'abord de la majorité des populations qu'elle voudrait dominer, puis des petits États voisins ayant des affinités de race avec ces populations sur lesquelles ils exercent une sorte de protectorat moral.

Conviendrait-elle mieux, sans parler des autres, aux deux grandes puissances qui ont assumé le mandat de rétablir l'ordre dans la Péninsule? Il est possible que la Russie elle-même, payée pour connaître les Bulgares, ne s'en accommode pas. Quant à l'Autriche, qui y a pris pour devise « diviser pour régner », son attitude ne laisse pas de doute.

Il y a au surplus en Macédoine un petit parti d'autonomistes, également opposés aux prétentions de la Bulgarie et à celles de la Grèce, également méfiants vis-à-vis de la Russie et de l'Autriche. Il lui manque encore le point d'appui qui rendrait sa conception viable; mais ce parti est bien celui de l'avenir, sous la condition qui fait l'objet même de cette étude, excluant aussi bien l'absorption par l'Autriche que le péril panslaviste, comme elle écarterait, pour les petits peuples balkano-danubiens, la menace d'une rupture d'équilibre.

CHAPITRE IV

LES ROUMAINS DU SUD

Nous les désignerons ainsi, — car ils se nomment eux-mêmes Roumains ou *Aromâni*, la phonétique de leur dialecte latin comportant l'emploi de la voyelle A devant le R initial, — et non sous les sobriquets plus ou moins malveillants de Tzintzari et de Koutzo-Valaques (1), que leur attribuent les peuples voisins.

Les Roumains de Turquie ont peu fait parler d'eux jusqu'ici dans les sphères diplomatiques et dans la presse occidentale,

(1) Koutzo-Valaques, d'après l'étymologie turque, signifierait d'ailleurs, non Valaques boiteux, mais Petits-Valaques (Kiuciuk-Vlah) ou Roumains de l'Épire, par opposition aux Grands-Valaques de Thessalie.

et si même ils ont attiré l'attention au cours de ces dernières années, c'est à cause de la question des réformes. Ils sont pourtant dignes de toute la sympathie de l'Europe, tant par leur origine, leur passé, leurs incontestables qualités morales et intellectuelles, que par leur attitude sérieuse et calme au milieu de tous les événements dont l'Orient est le théâtre.

Nous avons déclaré plus haut que nous ne discuterions pas les controverses historiques susceptibles de nous entraîner hors du cadre de cette étude politique, dont une solution aussi équitable que possible du problème oriental est l'unique objet. Toutefois, nous croyons utile de rappeler à larges traits comment cet élément latin s'est établi et a subsisté dans la péninsule balkanique.

Les premières guerres apportées par Rome en Macédoine remontent à 211-215 avant Jésus-Christ. Elles finirent, en 197, par la défaite du roi Philippe. L'action de

Paul-Émile est plus connue; elle aboutit à la dépossession du roi Persée et à la proclamation de la Macédoine comme province romaine. Beaucoup de villes furent détruites et Tite-Live nous apprend que de nombreux colons italiques furent envoyés repeupler le territoire conquis. Des tentatives de révolte furent réprimées et peu à peu les légions soumirent le pays jusqu'au Danube.

Un mouvement parallèle devait se produire au nord du fleuve. En 106 après Jésus-Christ, quand l'empereur Trajan incorpora la Dacie à l'Empire, les Romains des deux rives se donnèrent la main, et non seulement le vaincu accepta la loi du vainqueur et sa civilisation, mais l'élément latin y devint prépondérant comme population.

Cet état de choses dura jusqu'à l'an 270, quand, cédant à la poussée des Barbares, l'empereur Aurélien ramena au sud du Danube, en Mœsie, les légions et une partie des populations latines, qui se retirèrent progressivement jusqu'au Pinde, où les attiraient, avec la sécurité des montagnes, d'autres éléments de même race qu'elles y trouvaient déjà établis.

Ces Latins du sud du Danube, d'où proviennent indubitablement les Macédo-Roumains de nos jours, ont constitué la florissante province dite Dacie aurélienne et peuplé la majeure partie de la Thrace et de la Macédoine. Un petit groupe, refoulé vers l'ouest par les invasions, s'est aussi conservé sur les rives de l'Adriatique : ce sont les Istro-Roumains.

Les chroniqueurs byzantins font souvent mention des Valaques (Vlahi) enrôlés dans les armées impériales. Théophanès écrit qu'en 579 des soldats opérant en Thrace furent pris de panique en entendant un muletier crier à un autre : *Torna, torna, fratre!* croyant que c'était un signal de sauve-qui-peut. Théophilacte confirme cette expression en la traduisant par *ritorna* au lieu de *torna*. Quoi qu'il en soit de l'anecdote, elle prouve que les Roumains existaient dès cette époque, et qu'on ne peut leur méconnaître un droit de priorité dans certaines régions des Balkans.

Vers 670, nous trouvons, dans la Dobroudja et la Bulgarie actuelles, Asparuch, qui combine, avec le concours des Roumains, un plan d'attaque contre Byzance déjà frappée de décadence. Son successeur Terbélius, toujours s'appuyant sur des Roumains, avance vers le sud jusqu'à l'Hémus. En 706, les Roumano-Bulgares, dont nous avons déjà parlé, s'établissent autour des Balkans et leur roi Siméon envahit, en 893, la Macédoine, l'Épire et la Thessalie, que Nicéphore Phocas reprend à Pierre, fils de Siméon. La page la plus glorieuse de la race roumaine dans la Péninsule fut écrite au temps de la dynastie assanide. Deux frères roumains, Pierre et Assan, possédaient de ces immenses troupeaux qui formaient déjà, comme ils le sont demeurés jusqu'à nos jours pour les populations pastorales valaques ou macédo-roumaines, la principale source de richesse de la contrée. Byzance voulut leur imposer une dîme; ils refusèrent de la payer et, se mettant à la tête des Roumains et des Bulgares, ils envahirent l'Hémus (Balkan) et la Macédoine; de sorte qu'en 1188 toute la région située entre le Danube, les Balkans, le Rhodope et la Macédoine se trouvait en leur possession. Cette dynastie guerrière devint la terreur de l'Empire. Les deux frères aînés furent tour à tour assassinés; un puîné, Joanice, leur succéda, et sa renommée parvint jusqu'au pape Innocent III, qui s'efforça de l'amener dans le giron de l'Église de Rome, en lui rappelant, « ce qui flattait l'amour-propre de Joanice, » dit le chroniqueur, « qu'il était issu d'une souche romaine (1). »

(1) « Il importe à ta gloire temporelle comme à ton salut éternel que tu sois Romain aussi bien par la conduite que tu

Joanice éleva très haut l'honneur de ses armes. En 1265, il fit prisonnier et mit à mort Baudouin de Flandre et se rendit redoutable sous le titre d'empereur que lui reconnurent ses contemporains. Il tomba à son tour victime d'un assassin. Nous ne suivrons pas ses successeurs; ce que nous avons voulu établir, c'est que l'empire roumano-bulgare s'étendait du Danube à l'Adriatique, par conséquent dans toutes les régions, Macédoine, Albanie et Épire, où les Roumains se sont perpétués.

Cet empire s'étant dissous, une partie de ses éléments roumains abandonna la plaine et s'établit dans la région montagneuse où nous la trouvons aujourd'hui en masses compactes, s'adonnant plus particulière-

l'es par l'extraction, et que le peuple de ton pays, qui se dit descendu du sang romain, suive les institutions de l'Église romaine, pour montrer, même dans le culte divin, qu'il conserve les mœurs de ses ancêtres. » (Lettre d'Innocent III à Joanice, roi des Roumano-Bulgares.)

ment à la vie pastorale et laissant l'agriculture aux Slaves.

Au moment de la conquête turque, les chroniqueurs signalent, dans la Thessalie et une partie de l'Épire, une Grande-Valachie (Blaqui la Grant, Megalo-Vlahia), qu'on a appelée aussi Grande-Roumanie, et, dans l'Épire, l'Étolie et l'Acarnanie, une Valachie supérieure, l'Ano-Vlahia des Grecs. Les Roumains peuplent encore presque exclusivement les deux versants du Pinde.

Dans les poèmes nationaux grecs, les princes de Thessalie étaient nommés « rois des Roumains » (Βασιλείος τῶν Βλάχων). D'autre part, les despotes d'Épire s'intitulaient aussi « princes des Roumains (Valaques) ». Les Serbes appellent encore de nos jours l'Albanie du sud « la Vieille Vlaquie » (Stari Vlah).

Après 1454, ces Roumains du sud, organisés en petits voévodats ou capitanats dans leurs montagnes, eurent moins que les autres nationalités à souffrir de l'invasion musulmane qui brisa l'Empire byzantin. Seuls, avec les Albanais, ils réussirent à conserver une demi-indépendance ayant pour base une autonomie communale complète. Il existe encore, dans des villes comme Metzovo (Aminciu en roumain), Perivole, etc., des firmans qui établissent clairement les droits de ce peuple roumain, réclamé tantôt par les Grecs, tantôt par les Bulgares, lesquels ont un égal intérêt à en réduire l'importance.

Ces montagnards guerriers, qui se faisaient volontiers heiduques, n'ont jamais permis qu'on violât leurs privilèges, et s'ils reconnurent la suprématie des sultans, ils n'en continuèrent pas moins à s'administrer par leurs Conseils de sagesse et leurs capitanats. Ils défendaient leur territoire et empêchaient même les Turcs d'y passer sans leur consentement préalable, en leur imposant parfois la condition de déferrer leurs chevaux. Comme l'a fort bien reconnu Pouqueville, ce peuple, resté indépendant de fait, fut placé sous la suzeraineté des sultanes Validé et n'eut qu'à leur payer une redevance annuelle, hommage consenti et non tribut de servitude, sans avoir à craindre l'ingérence du fisc ottoman. Aujourd'hui encore, les maires élus répartissent l'impôt, que l'agent financier vient simplement recevoir une fois l'an.

En 1525, le sultan Soliman II institua quinze capitanats, composés de Roumains, pour la défense du territoire contre toute invasion étrangère. Les hommes soumis au service militaire étaient exempts de toute contribution. Grâce à cette indépendance, les groupes macédo-roumains ont subi sans être entamés les vicissitudes des siècles. Imbus de sentiments d'honneur et de liberté, de mœurs très pures, ils ont conservé intact, dans les montagnes les plus inaccessibles, le trésor de leur nationalité. Le

Byzantin Nicitas Chroniatès constatait déjà que leurs positions étaient très difficiles à attaquer. Pendant ce temps, les Bulgares et les Grecs des basses régions supportaient toutes les conséquences de la conquête musulmane et devenaient des sortes d'ilotes des beys turcs et albanais.

En dehors de l'élevage des troupeaux, les populations roumaines, si industrieuses et dont Kanitz a constaté les aptitudes extraordinaires pour l'architecture et les travaux d'art, se sont spécialement adonnées au négoce. Dans tout l'Orient se répandirent des représentants de cette race active, intelligente et économe, dont beaucoup réalisèrent d'énormes fortunes et détiennent encore une bonne partie du commerce dans les pays appartenant à la Turquie. Nous les retrouvons en Roumanie, en Serbie, en Grèce, en Bulgarie, à Budapest, à Vienne même. Ces négociants, qui introduisirent en Italie, vers le dix-huitième siècle, une espèce de vêtement appelé « capa », fondèrent des comptoirs à Naples, à Livourne, à Gênes, en Sardaigne, en Sicile, jusqu'à Malte et à Cadix; d'autres s'établirent à Venise, à Trente, à Ancône, à Raguse.

Comme nombre, les Roumains du sud, disséminés à travers la Turquie d'Europe, peuvent être évalués à plus d'un million, sans compter les 200,000 établis au nord de la Thessalie, cédée à la Grèce, malgré leurs protestations, en 1881 (1), et des groupes moins nombreux disséminés dans l'Attique, le Péloponèse et certaines îles de l'Archipel. Ils comptent aussi pour plus de 200,000 en Bulgarie et en Serbie. Pour ne rien omettre, nous signalerons, dans la région de Méglénie, au sud de la Macédoine, la petite ville

(1) C'est parmi les Roumains de la région de l'Aspropotamos que se recrute surtout le corps des « evzones », soldats braves et d'allure si martiale sous la fustanelle; ils se sont particulièrement distingués pendant la dernière guerre gréco-turque.

de Nanta, dont la population latine a embrassé l'islamisme, en conservant toutefois son individualité, puisque ses imans emploient encore le dialecte macédo-roumain pour leur prédication dans les mosquées. C'est l'unique exemple d'une abjuration de la foi chrétienne par des Roumains, tandis que tant de Serbes, de Bulgares, de Grecs et surtout d'Albanais ont passé à l'islam.

Les Macédo-Roumains ont donné à différents pays une élite de personnalités remarquables.

Beaucoup d'illustrations de la Grèce contemporaine, comme Coletti, Riga, Vlahopoulo, Rangabé, Valavriti, Colocotroni surnommé Vlahos, Hadji-Petru dit Vlahava (1), sans compter les capitaines de la révolution

(1) Le grand historien grec moderne, Lambros, est aussi d'origine roumaine, comme l'était probablement le célèbre homme d'État italien Crispi, dont les ancêtres sont venus d'Épire en Italie.

grecque, tels que Botzaris, Giavéla, Griva, Bucovala, Odyssée Andrutz, Ciara, Caciandoni, et les grands bienfaiteurs de la race hellénique, les Sina, les Dumba, qui s'élevèrent en Autriche à de hautes situations sociales, les Toschitza, les Arsaky, les Avéroff, sont d'origine roumaine.

Il en est de même, en Bulgarie, d'hommes politiques comme Radeff et Tacheff; en Serbie, du héros Tzintzar Janco, de Tzintzar Marcovitch, de Vladan Georgevitch, même, dit-on, des Karageorgevitch, et certainement de nombreuses autres familles des plus distinguées.

En ce qui concerne la Roumanie, on dresserait une liste interminable, si l'on voulait trier les familles ou les personnalités marquantes de tout genre qui tirent leur origine de Macédoine, d'Épire, de Thessalie et d'Albanie.

Des savants et des voyageurs compétents, comme Kanitz, Thunmann, Leake, Pouqueville, et plus récemment Victor Bérard, ont reconnu la nationalité, restée distincte et intacte, des Macédo-Roumains. Selon Pouqueville, la population de la Turquie méridionale, qui parle une langue toute proche de celle des peuples de la vallée karpatho-danubienne, occupe l'ensemble du territoire qui s'étend d'Ochrida à la Morée et de Cojani à l'Adriatique, dans le voisinage de Durazzo. Thunmann, qui a consacré de longues études aux Roumains et aux Albanais, s'exprime ainsi : « Les Roumains de Macédoine forment un peuple grand et nombreux ; ils représentent la moitié de la population de la Thrace et les trois quarts des habitants de la Macédoine et de la Thessalie, » — ce qui d'ailleurs est exagéré de moitié.

De telles appréciations peuvent surprendre, quand on voit tant d'ethnographes, trompés sans doute par une hellénisation toute superficielle qui ne sort pas du domaine de l'Église et de l'école, ou prenant leurs informations auprès de consuls, de prêtres ou de notables grecs, confondre parfois les Roumains avec les Hellènes. Ces derniers, profitant des privilèges qu'avait obtenus des sultans l'Église chrétienne, après la conquête de Byzance, et de l'influence, aujourd'hui à son déclin, du patriarcat œcuménique sur l'ensemble des chrétiens d'Orient, ont habilement englobé toutes ces populations si différentes dans la sphère de l'hellénisme, à une époque où la religion était tout et où les nationalités ne se dégageaient pas encore.

C'est ainsi que les Roumains, les Bulgares, les Serbes, les Albanais, arrivèrent à n'avoir plus d'abord dans leurs églises, puis dans leurs écoles, que des prêtres et des instituteurs grecs, tout en conservant intacte la langue nationale dans le sanctuaire de la famille. On conçoit donc l'erreur commise par l'observateur superficiel en ce qui concerne les Roumains, qui, tout en pouvant se servir de leur propre langue pour le culte, ne sont pas encore arrivés, comme les Bulgares et les Serbes, à grouper leurs communautés religieuses sous la direction d'un chef spirituel indépendant. C'est la grande lutte qui se poursuit aujourd'hui, et tout fait prévoir qu'elle se résoudra à leur avantage. Nous devons noter en passant que, depuis 1053, la séparation de la chrétienté en deux Églises rivales, ce que les Occidentaux appellent le Schisme d'Orient, porta un coup fatal au développement de l'élément latin dans les régions où triompha l'orthodoxisme. La langue de Rome y fut bannie du temple et les descendants des légionnaires n'entendirent plus que la liturgie grecque, le plus souvent sans la comprendre.

Il faut donc s'étonner, non pas qu'il y ait des Roumains hellénisants, encore en grand nombre, mais qu'il y ait des Roumains roumanisants. Ces derniers ramèneront fatalement les premiers. Ils ont déjà fait des pas de géant.

C'est que les conditions déterminantes ont bien changé. Les Roumains du sud s'éprirent de l'idéal grec à une époque où les deux principautés danubiennes de Valachie et de Moldavie, dont l'union a formé le royaume de Roumanie, menaient une existence trop pénible et trop obscure pour pouvoir devenir leur métropole intellectuelle.

Les villes de Bucarest et de Jassy, où a été préparée la révolution grecque de 1821, étaient elles-mêmes des foyers d'hellénisme. Il ne faut pas oublier d'ailleurs que la renaissance nationale, qui date précisément de 1821, y prit nettement un caractère de protestation contre l'hellénisme qui y dominait par ses princes venus du Phanar et s'abrita longtemps encore dans les monastères dédiés aux Saints Lieux.

Cet élément macédonien, que les Grecs s'obstinent à nommer belléno-vlaque, a rompu depuis quarante ans avec la tradition du philhellénisme, et depuis lors il se heurte à une résistance désespérée de la part du patriarcat et de la politique d'Athènes dont s'inspire surtout le synode œcuménique. Il est l'objet, dans ses églises et dans ses écoles, d'une persécution dictée par la crainte de perdre une clientèle nombreuse, riche et cultivée.

Pour marquer la date · ce séparatisme, rappelons que la première école roumaine fut fondée en 1862, à Vlaho-Clissoura, par Apostol Margarit, cet apôtre du roumanisme. Aussi, tout l'effort des Grecs consiste-t-il non seulement à combattre le roumanisme en Macédoine, mais encore à le nier. Le reconnaître serait en effet avouer que la « grande idée » a perdu un terrain d'expansion considérable dans des centres que la presse, les brochures et les notes diplomatiques représentent encore comme peuplés non de Roumains, mais d'Hellènes pur sang.

L'élément latin se retrouve donc à chaque pas en Macédoine et en Épire, aussi bien que dans la Thessalie annexée à la Grèce où, fait symptomatique, les Roumains n'ont plus le droit d'étudier leur langue. Et si beaucoup parmi eux n'ont pas encore osé affirmer nettement leur origine, c'est par un ancien préjugé qui date du temps où l'hellénisme était considéré comme le foyer de l'émancipation des peuples d'Orient autant que comme le centre d'une civilisation supérieure. Ils ne se résignent pas encore à être appelés Koutzo-Valaques, vocable interprété d'une façon méprisante par les publicistes grecs, et qui tend à les marquer comme le produit d'un mélange de races, comme des Grecs roumanisés, quand au contraire il y a là des Latins grécisés, ou du moins acquis à la culture hellénique, que leurs congénères émancipés de cette influence étrangère désignent du nom de « Grécomanes ».

Aujourd'hui que les ethnographes parcourent les provinces de la Turquie d'Europe, que les agents civils et militaires constatent de *visu* la situation, la vérité se fera jour progressivement. L'attention se portera d'autant plus sur les Roumains du sud que ceux-ci, loin de contribuer aux troubles et à l'anarchie qui menacent l'équilibre balkanique, constituent le plus solide élément d'ordre. Ils n'empiètent sur les droits de personne et le gouvernement ottoman apprécie leur conduite loyale. Combien il serait injuste de refuser le droit à l'existence ethnique à une race qui pratique cette attitude digne et sérieuse, et de l'ignorer sous prétexte que les Roumains n'exigent point à main armée des réformes et ne visent pas des annexions territoriales en soutenant leurs prétentions par des émeutes et des attentats!

La récente nomination d'un délégué roumain, à côté et au même titre que les délégués des autres nationalités, dans la

Commission des réformes, constitue une reconnaissance officielle de la légitimité des droits de l'élément latin existant en Macédoine, dont le sort doit être réglé en même temps que celui des autres races.

Il importe que l'on accorde à toutes les nationalités un traitement égal, afin que l'organisation des éléments balkaniques hétérogènes puisse fonctionner harmonieusement. Si le patriarcat œcuménique prend parti pour l'un de ceux-ci et prétend lui subordonner les autres, les conflits n'auront aucune chance de disparaître.

Mais le peuple roumano-macédonien n'en sera pas réduit, espérons-le, pour conserver sa nationalité, à recourir à des procédés violents qui ne peuvent que lui répugner, à lui qui représente la culture intellectuelle, le progrès, la richesse et l'industrie, dans ces régions. La reconnaissance par la Turquie d'une Église autonome, soustraite à l'influence oppressive du synode œcuménique et du Phanar, peut être considérée comme un fait accompli. Malgré toutes les entraves que ne saurait manquer de lui apporter le patriarcat, lequel suspend préventivement sur elle les foudres ecclésiastiques dont a été frappé l'exarchat bulgare, cette Église, qui aura un chef suprême et une hiérarchie, permettra à la conscience ethnique de s'affirmer chaque jour avec plus de vigueur parmi la population roumaine de Macédoine, qui a conservé, en dépit de neuf siècles d'hellénisation, l'invincible vitalité d'une race dont un dicton populaire dit : « Le Roumain ne périt pas! »

Mais si un instinct de conservation a toujours empêché les Macédo-Roumains de confondre leurs intérêts tant avec ceux des Grecs qu'avec ceux des Slaves, leurs apôtres des idées nationales sont loin de se montrer systématiquement hostiles aux éléments étrangers qui cohabitent avec eux sur cette terre. Une fois vainqueur sur le terrain de l'égalité des droits, l'élément latin pourra au contraire servir en quelque sorte de tampon pour amortir entre Slaves, Grecs et Albanais, des haines de race séculaires.

Il convient aussi, en parlant des Macédo-Roumains, de prendre en considération qu'il existe, aux embouchures du Danube, un royaume latin, la Roumanie, qui n'a cessé de marcher dans la saine voie de la civilisation et du progrès, sans jamais inquiéter l'Europe par de dangereuses secousses politiques. S'il est universellement reconnu aujourd'hui que cet État contribue par son attitude sage et modérée au maintien de l'équilibre balkanique, il est certain que la constitution ethnique de l'élément roumain du sud, qui ne saurait jamais rêver une annexion à la métropole, laquelle ne poursuit pas davantage cette chimérique visée, sera une garantie de plus pour l'harmonie et le bon ordre général.

CHAPITRE V

LES SERBES

La politique serbe, en Macédoine, n'est entrée en scène que vers 1880, mais elle a déjà réussi à s'affirmer dans maintes localités et même à faire reconnaître par le patriarcat œcuménique un chef religieux, élu en 1902, en la personne de Mgr Firmilian, évêque de Scopia (Uskub), capitale de la Vieille Serbie. Les Serbes concentrent toutes leurs espérances sur cette partie du territoire turc, bien qu'ils s'y trouvent en minorité par rapport à la population albanaise.

La propagande scolaire serbe, en Macédoine, se heurte à celle des Bulgares, qui ont pris les devants et ont eu recours aux moyens les plus violents contre un ennemi du panbulgarisme d'autant plus redoutable qu'il est moins facile d'attribuer à l'une ou à l'autre branche les Slaves réclamés par toutes les deux.

Jusqu'à un moment donné, on ne parlait que de l'existence d'un élément bulgare dans cette partie de la Macédoine qui s'étend des frontières de la Serbie et de la Bulgarie au delà des lacs de Castoria et d'Ochrida. Puis Goptchevitch, dans son livre intitulé : *la Macédoine et la Vieille Serbie*, établit des statistiques d'après lesquelles il se trouverait en Macédoine plus d'un million de Serbes, sans un seul Bulgare.

Toutefois, le même auteur, pendant la guerre entre Serbes et Bulgares, pencha du côté de ces derniers et écrivit sur la Bulgarie et la Roumélie Orientale un ouvrage où les affirmations de son précédent travail se trouvaient contredites. Cet exemple démontré combien sont fragiles les bases d'une classification rigoureuse. Dans tous les cas, quelle que soit leur origine spéciale, et bien que la linguistique les rattache plutôt aux Serbes, — qui peuvent aussi se réclamer du droit historique, leur domination s'étant, à un moment donné, étendue sur toute la Macédoine, — la masse des populations slaves contestées par les deux États sympathise résolument avec la Bulgarie.

Mais la question de priorité n'est pas douteuse. On sait que des tribus vraiment slaves sont apparues dans les Balkans bien avant la venue des Bulgares : les Croates, dès le sixième siècle, les Serbes et les Slavons vers le commencement du septième, tandis que l'année 679 fixe l'époque à laquelle les Bulgares se répandent du Danube aux Balkans.

Les Serbes se formèrent en État seulement vers le douzième siècle, bien qu'étant de race homogène et noble, eux qui, avec les Dalmates, les Bosniaques et les Monténégrins, ont ressenti plus que les autres peuples slaves l'influence civilisatrice grecque et latine. En 1282, ils conquirent de vastes territoires et s'étendirent jusqu'au delà de Scopia, jusqu'à Sérès et jusqu'à Dibra, dans l'Albanie du nord. Sous Urosch III, toute la Macédoine leur appartenait déjà, mais leur puissance fut portée à son apogée en 1346, sous le règne de Douchan, qui se proclame souverain de tous les peuples balkaniques. Son empire, dont Scopia était la capitale, s'étendait depuis la Drave et la Morava jusqu'à Kalava, et en Albanie jusqu'à l'Adriatique.

En Macédoine, les noms de lieux sont fréquemment serbes et les chants populaires, les légendes, y empruntent souvent leurs héros à la Serbie, dont le folklore est d'ailleurs d'une richesse étonnante. Il faut toutefois reconnaître que la domination serbe en Macédoine fut postérieure à la domination bulgare et n'eut guère plus d'un siècle de durée (1273-1375).

Comme tous les autres peuples balkaniques, les Serbes tombèrent sous le joug ottoman et ne firent parler d'eux qu'à de rares intervalles. Sous Karageorges et Miloch Obrénovitch, ils arrivèrent à reconquérir une demi-indépendance et, en 1829, le traité d'Andrinople reconnut leur autonomie.

En 1875, les Serbes soutinrent les Bosniaques et les Herzégoviniens révoltés en raison du poids trop lourd des impôts. Les Turcs réprimèrent ce soulèvement, ainsi que le mouvement tenté par les Bulgares; ils écrasèrent les Serbes et marchèrent sur Belgrade. Intervenant en faveur des peuples slaves, la Russie adressa alors à la Porte un ultimatum par lequel elle exigeait pour la Serbie le rétablissement du *statu quo ante bellum*; pour le Montenegro, une rectification de frontières; pour la Bulgarie, la Bosnie et l'Herzégovine, une demi-autonomie. Sur le refus des Turcs, le gouvernement de Saint-Pétersbourg tira l'épée et les

Serbes entrèrent en campagne de leur côté.

On connaît les résultats de la campagne de 1877. Les Serbes s'attendaient à voir reconstituer leur ancien empire, lequel, nous l'avons dit, comprenait, au quatorzième siècle, la Thrace, la Macédoine, l'Albanie et l'Épire, et à former ainsi une sorte d'hégémonie slave dans les Balkans. Cela n'entrait pas dans les desseins de la Russie, qui tenta au contraire, à San-Stefano, de constituer une Grande Bulgarie. L'indépendance de la Serbie fut du moins reconnue par le traité de Berlin; grâce au concours de l'Autriche, on annexa simplement à cet État les districts de Nisch et de Pirot, appartenant à la Vieille Serbie.

Les Serbes, toutefois, ne purent se résigner à voir s'évanouir leur idéal. L'occupation autrichienne en Bosnie et Herzégovine leur enlevait tout espoir du côté de Fiume, Raguse et Cattaro; leurs regards se portèrent donc, par delà les monts Schar-Dagh, sur les plaines de la Macédoine et les rivages de l'Archipel.

Malgré la résistance du gouvernement ottoman et de la population bulgare, la propagande serbe réussit à obtenir certains avantages, comme l'autorisation d'ouvrir des écoles et de fonder des consulats. A Uskub et à Monastir, les Serbes possèdent des bibliothèques et des établissements scolaires primaires et secondaires; ils s'efforcent de recruter des élèves et de gagner des adhérents à leur cause.

Au début, cette cause sembla désespérée, surtout dans le vilayet de Monastir, où l'élément bulgare est puissant et organisé. A Prilep, citadelle du bulgarisme, comme sur d'autres points convoités, les agents de la propagande serbe furent traqués et assassinés. Dans le bassin de Prisrend, en Vieille Serbie, dans le vilayet de Kossovo, les souvenirs, les traditions et le voisinage aidant, le mouvement eut plus de succès. Cependant, il ne faut pas perdre de vue qu'en Vieille Serbie, les efforts des Serbes se heurtent à la résistance de l'élément albanais, plus nombreux, et qui est resté agressif et fanatique. On sait qu'à Prisrend les Albanais ont réuni un congrès pour poser la question de leur autonomie. Leurs conflits avec les Serbes sont fréquents et provoquent l'échange de notes entre Belgrade et Constantinople, concernant des incidents de frontière. Rappelons-nous que le consul serbe Martinovitch fut assassiné en pleine rue à Pristina.

La reconnaissance d'un chef religieux de leur nationalité à Uskub est un fort atout dans le jeu des Serbes ; quant à leurs écoles, bien que relativement nombreuses et assez fréquentées, elles ne peuvent lutter contre les écoles bulgares qui ont inondé tout le pays et où se déploie une activité fébrile. L'influence politique de la monarchie austro-hongroise à Belgrade s'applique à enrayer les efforts que font les Serbes pour déborder sur les contrées avoisinantes de la Péninsule; aussi l'antagonisme serbo-bulgare se réduit-il actuellement à des conflits partiels. Toutefois, certains indices laissent prévoir qu'avec la nouvelle dynastie, la politique serbe en Macédoine va changer de physionomie. On travaille avec plus d'énergie; on organise des bandes qui passent la frontière et sont prêtes à lutter par les mêmes moyens que les Bulgares.

On parle, il est vrai, d'une action politique commune, déterminée par la crainte qu'inspire aux deux États le péril autrichien si réel; mais, au fond, on peut dire que leur jalousie réciproque l'emporte sur les autres considérations, car les Serbes convoitent Salonique autant que les Bulgares. L'opposition de leurs intérêts paraît rendre problématique une entente sincère et durable.

CHAPITRE VI

LES ALBANAIS

Bien que, depuis quelques années, il se produise en Albanie un puissant mouvement autonomiste, la question albanaise est encore obscure pour l'Europe ; nous la traiterons donc avec quelques développements.

Ce peuple autochtone, dans tous les cas établi depuis une haute antiquité sur les côtes orientales de l'Adriatique, peut se prévaloir de ces droits historiques que jusqu'à présent nous n'avons pu reconnaître pleinement qu'aux Roumains. Bien que son origine soit très discutée, il doit certainement former un rameau des Illyriens, mais transformé par son mélange avec un élément romain. Comme leurs ancêtres d'Illyrie réputés pour leur bravoure et leur esprit d'indépendance, les Albanais aiment avant tout les armes et la liberté; ils sont partagés en un certain nombre de clans, Mirdites, Ghègues, Tosques, Liapes, etc. A cette conservation de leur indépendance, ils ont sacrifié jusqu'à leur foi; la plupart, en effet, ont embrassé la religion musulmane, pour ne pas subir la condition du raïa. Les Albanais restés chrétiens se subdivisent en grecs orthodoxes et en catholiques; ces derniers, au nombre de plus de 100,000, se trouvent du côté de Scutari (1).

Il existe entre les clans certaines rivalités et certaines causes de désunion, géographiques, sociales et religieuses, rendant très

(1) La population de l'Albanie, qui s'est toujours opposée aux opérations du recensement, n'a pu être exactement établie. On peut l'évaluer, avec l'Épire, à environ 1,900,000 habitants, dont 500,000 orthodoxes, 200,000 catholiques et le reste de religion musulmane. Les orthodoxes sont en majorité de race roumaine.

difficile une action concertée des comités albanais qui ont leurs sièges à Naples, à Bucarest et en Égypte. Entre les Ghègues et les Tosques, par exemple, règnent des haines séculaires : les premiers, au nord, sont musulmans ou catholiques; les seconds, dans la basse Albanie, musulmans ou orthodoxes. Les Ghègues, pasteurs et guerriers, ont gardé un caractère plus aventureux; les Tosques sont plus pénétrés d'hellénisme. Certaines tribus, comme les Mirdites, appartiennent exclusivement à l'Église de Rome.

Les musulmans d'Albanie se partagent eux-mêmes en deux rites fort différents, les uns coreligionnaires des Turcs et soumis au khalifat, les autres affiliés à une secte dite des *Behtashli*, qui continue à faire de nombreux adeptes. Ils sont non reconnus, mais simplement tolérés par le gouvernement ottoman. Les derviches auxquels ils obéissent possèdent un énorme ascendant sur la population.

On voit donc que les Albanais, divisés en deux religions, sont en outre partagés en quatre rites, et comme conséquence reçoivent leur mot d'ordre de quatre chefs spirituels différents. Aussi, pour bien s'entendre en vue d'une action commune contrariée par ces barrières, doivent-ils d'abord se pénétrer de leur individualité ethnique. Ce résultat aurait déjà été pleinement obtenu, si la Porte leur avait permis l'usage de leur propre langue dans leurs écoles.

Sous ce rapport encore, ils se trouvent dans une condition d'infériorité vis-à-vis des Bulgares, des Roumains, des Serbes et des Grecs. Le jour où ils auront le droit de s'instruire en albanais, les idées nationales trouveront un écho plus puissant dans les cœurs, car cette race, toute soumise qu'elle soit à des influences morales contradictoires, n'a pas encore perdu la conscience de sa nationalité.

Lorsque les Turcs, après leur arrivée en

Europe, voulurent s'étendre dans les régions albanaises, ils y rencontrèrent la plus héroïque résistance de la part des populations ayant à leur tête le fameux Georges Castriota, dit Scanderbeg. Après la mort de celui-ci, les Albanais furent contraints d'accepter la loi du vainqueur, dont ils adoptèrent en masse la religion. Tout en acceptant de faire partie de l'Empire ottoman, ils n'en conservèrent cependant pas moins leurs mœurs propres et, ce à quoi ils tiennent par-dessus tout, la pleine liberté sur leur territoire, que sa formation montagneuse rend d'ailleurs en partie inaccessible.

Aujourd'hui encore, dans ce monde à part, circulent des tribus nomades où est à peine éveillée la conscience nationale. C'est que, généralement, les Albanais ne peuvent s'astreindre à une organisation administrative régulière, et ils ont opposé une résistance opiniâtre à chaque tentative du gouvernement turc pour introduire chez eux quelques changements appropriés aux nécessités du temps.

S'ils constituent en Europe le seul élément sur lequel, en partie du moins, la Turquie pourrait encore s'appuyer, les Albanais sont d'autre part, pour l'Empire ottoman, une cause de faiblesse, en raison de cet esprit d'indépendance, compliqué d'instincts anarchiques et pillards, qui inflige souvent à la Turquie des déboires et des humiliations. De plus, accoutumés aux privilèges, aux faveurs, aux pires abus, ils s'appliquent à faire échouer toute tentative de réformes.

Leurs clans, commandés par une oligarchie aristocratique héréditaire, obéissent aveuglément à leurs beys et se lèvent comme un seul homme à l'appel de ceux-ci, pour repousser parfois même la force armée impériale. Certaines tribus, surtout les nomades, ne reconnaissent pour ainsi dire pas l'autorité du sultan; elles refusent l'impôt et le service militaire et n'acceptent même pas un recensement. Par un contraste saisissant, c'est pourtant au sein de la population albanaise que se recrutent les plus hauts fonctionnaires civils et militaires de l'Empire.

Ce peuple fut à deux doigts de proclamer définitivement son indépendance, au temps d'Ali pacha de Tébélen. Ce satrape, aussi corrompu que génial, mettant au service de ses talents militaires toutes les ressources d'une diplomatie astucieuse, s'était déclaré rebelle, et, en dehors de l'Albanie, il étendit sa domination sur l'Épire, la Thessalie et une partie de la Macédoine. Le sultan put donc craindre, à un moment donné, que la puissance albanaise ne supplantât celle des Osmanlis ; il fallut employer la trahison pour venir à bout d'Ali pacha.

Chaque fois que la Turquie ou les puissances européennes ont porté atteinte à leurs droits,. les Albanais ont recouru aux armes : ainsi après le traité de San-Stefano, ainsi après le traité de Berlin. Leurs luttes avec les Monténégrins, pour la conservation de territoires cédés à ces derniers, sont restées proverbiales. Pour défendre la région attribuée au Montenegro par le traité de Berlin, les Albanais se constituèrent en ligue; ils substituèrent aux autorités turques un gouvernement national et s'organisèrent pour la résistance comme un État indépendant de l'Empire ottoman.

Cette décision d'opposer la force à toute prise de possession d'un pouce de leur terre par les Monténégrins se résumait pour les Albanais dans la formule : toute rectification de frontière sur notre territoire est nulle et non avenue.

Sommée par les puissances de dissoudre la ligue albanaise, la Porte envoya sur les lieux Méhémet-Ali, un des plénipotentiaires du traité de Berlin. Celui-ci y fut assassiné. Il est probable d'ailleurs que la Turquie encourageait sous main la rébellion albanaise, avec la pensée d'y rendre impossible la cession des régions disputées.

La Russie et l'Angleterre durent intervenir en faveur des droits du Montenegro, et le chef du parti libéral anglais, lord Beaconsfield, qui professait le respect du principe des nationalités, proposa, à cette occasion, que l'on reconnût la demi-autonomie de l'Albanie sous la suzeraineté du sultan.

Les puissances firent des démonstrations navales dans les eaux de Dulcigno, pour exercer une pression tant sur les Albanais que sur les Turcs. Ces derniers avaient surtout à craindre que la perte de ce district maritime ne donnât lieu à un mouvement révolutionnaire et à quelque attentat à Yldiz-Kiosk de la part de la coterie albanaise exaspérée; aussi la Porte informa-t-elle d'abord les puissances que si les Monténégrins franchissaient la frontière, elle se verrait obligée de les repousser militairement.

Elle céda pourtant devant l'attitude énergique de la flotte britannique et parvint à maîtriser le mouvement des Albanais, lesquels n'abandonnèrent toutefois la ville de Dulcigno qu'après une résistance acharnée opposée aux troupes turques elles-mêmes. C'est ainsi que le Montenegro finit par obtenir satisfaction.

Lorsqu'il s'agit de la rectification des frontières gréco-turques, les beys albanais formèrent une nouvelle ligue de résistance. On eût assisté à un nouveau conflit suivi d'une nouvelle intervention européenne, si le gouvernement ottoman n'était venu à bout des plus intransigeants, en procédant à l'arrestation des uns et en achetant le désistement des autres par l'octroi de fonctions importantes et de sinécures.

C'est le procédé habituel de la Porte, lorsque l'influence d'un bey albanais suscite les appréhensions du pouvoir central : on s'arrange alors de façon à le dépayser en l'envoyant en Asie Mineure, à moins de le garder à Constantinople, où l'on a l'œil sur lui. Ce système de corruption a souvent arrêté les mouvements populaires en Albanie, où les habitants subordonnent toute initiative au consentement de leur oligarchie quasi féodale.

Par contre, le gouvernement turc envoie assez fréquemment des agents dans cette contrée pour y provoquer des émeutes, comme peut-être celle où fut tué, il y a un an, le consul russe Tcherbina.

Cette manœuvre est familière à la Porte, lorsqu'elle sent que les événements menacent de tourner à son désavantage. Elle impute alors à la résistance des populations musulmanes de l'ouest l'impossibilité où elle se trouve, dit-elle, d'accéder aux injonctions de l'Europe. Cette vieille tactique hypocrite lui sert tout au moins à gagner du temps, résultat appréciable pour un État dont les bases sont ébranlées et qui met tout en œuvre pour tâcher de prolonger son agonie.

Les deux puissances dont les intérêts se heurtent aujourd'hui en Albanie sont l'Autriche-Hongrie et l'Italie.

La première, privilégiée par sa position géographique et recrutant des clients parmi les beys obérés qui reçoivent ses subsides, cherche à pénétrer dans ce pays avec son avant-garde de missionnaires catholiques. Ses jésuites dirigent à Scutari un excellent lycée, mais, malgré l'effort de ces religieux, leurs élèves manifestent ouvertement des sentiments philo-italiens, favorisés par le fait que, recevant l'enseignement en langue italienne, ils subissent le charme d'une des plus nobles littératures qui soient. En dépit de cette circonstance rassurante, le gouvernement de Rome a cru devoir créer un lycée à Scutari, ainsi que plusieurs écoles sur le littoral de l'Adriatique et de la mer Ionienne.

Ainsi, en Albanie, les sympathies pour l'Italie, dues à la parenté ethnique, sont des plus vives et des plus spontanées. Il y a toujours eu de nombreuses migrations d'un versant de l'Adriatique à l'autre et l'on sait que les Albanais ont jadis fourni des gardes aux princes italiens, notamment aux rois de Naples (1).

Si l'Italie s'attache à développer son influence dans ce pays, surtout du côté de Scutari, où sa langue est d'un usage courant, c'est qu'elle a compris depuis longtemps de quelle utilité pour sa politique économique pourraient être les ports albanais.

Des considérations analogues agissent sur l'Autriche-Hongrie, qui ne néglige rien pour

(1) Il existe dans l'Italie méridionale une colonie albano et épiro-italienne qui n'a point perdu conscience de son origine. L'on doit à son initiative l'organisation de plusieurs comités tels que la *Societa nazionale albanese* de Rome et le *Comitato nazionale albanese* de Lungro (Calabres), ainsi que la fondation du collège ecclésiastique de San-Adriano, près de Naples.

préparer sa descente vers le sud. Elle a d'autres moyens que la propagande scolaire et tâche, comme nous venons de le dire, de s'assurer les beys les plus influents par des présents qu'ils ne repoussent pas et qui entretiennent leur vie de désordre et de prodigalité. De la sorte, le cabinet de Vienne espère provoquer au moment opportun quelque révolte lui permettant d'intervenir et de tenter du moins de mettre ses plans à exécution.

Vis-à-vis des petits États balkaniques, les Albanais exercent une surveillance ombrageuse; qu'il s'agisse des Serbes, des Bulgares ou des Grecs, aucune extension territoriale à l'avantage de ceux-ci ne saurait s'opérer pacifiquement sur leur territoire. Aux Serbes, ils disputeraient les armes à la main la Vieille Serbie, où ils forment la majorité de la population; déjà, à la moindre velléité qu'ils soupçonnent, ils se livrent à titre de représailles à des incursions sur le territoire de leurs voisins, et la Porte est obligée de se justifier vis-à-vis du gouvernement de Belgrade.

D'autre part, si la Bulgarie essayait d'occuper la Macédoine, elle serait mise en contact avec l'Albanie et nous verrions se produire des faits analogues.

Quant à la Grèce, si on lui attribuait jamais l'Épire, rien ne pourrait arrêter un soulèvement général des Albanais, — car le fait d'avoir donné à la cause hellénique de 1821 des Canaris et des Miaoulis, natifs d'Hydra et de Spezza, centres purement albanais, ne les empêche pas de considérer les Grecs comme les plus dangereux ennemis de leur race.

Cette antipathie est générale; même les Albanais orthodoxes (1) l'éprouvent politi-

(1) Les statistiques des Albanais sont généralement erronées, beaucoup d'orthodoxes étant portés comme Grecs, Bulgares ou Serbes, et beaucoup de mahométans comme Turcs ; en réalité, la race est beaucoup moins mélangée.

quement vis-à-vis d'Athènes, bien que la langue grecque, à laquelle la religion sert de véhicule, jouisse parmi eux d'un certain prestige.

D'ailleurs le royaume hellénique possède déjà beaucoup d'Albanais; leur langue est parlée dans l'Attique et jusque dans Athènes. La ville de Thèbes est albanaise, comme Psara, Hydra, Spezza, l'île de Colouri, etc. Les Grecs n'auraient aucun intérêt, croyons-nous, à augmenter encore par des annexions la proportion de cet élément turbulent et jaloux.

En revanche, les Albanais s'accordent assez bien avec les nombreux Roumains de leur contrée; on sait d'ailleurs qu'ils se trouvent répandus sur la zone où le latin populaire fut, en Orient, supplanté par le grec. Issu des Thraces et des Besses latinisés, Pélasge d'origine, leur peuple n'est-il point par le sang apparenté aux Roumains, au même titre que les Celtes l'étaient aux Francs?

Formant essentiellement une nation armée, toujours debout et dominée par des instincts guerriers, l'Albanie serait donc en Europe, à certains égards, comme le boulevard de l'Empire ottoman, qui se contente d'y exercer une domination plutôt nominale et d'y trouver, en cas de guerre, un précieux appoint de troupes auxiliaires. Mais, à tout prendre, les Albanais ont surtout le souci de leur indépendance, qu'ils ont su défendre même contre la Turquie. Une solution plaçant cette indépendance hors de toute atteinte et ne subordonnant l'Albanie à aucun autre élément de la Péninsule ne rencontrerait sans doute pas de leur part un parti pris qui en compliquerait les difficultés d'exécution.

CHAPITRE VII

LES GRECS

Nous commencerons ce chapitre en priant les lecteurs hellènes sous les yeux desquels tomberont ces lignes de ne pas prendre notre franchise en mauvaise part, lorsque nous exprimons notre opinion sur leurs désirs immodérés d'expansion — aussi bien d'ailleurs que nous l'avons fait pour les Bulgares.

Nous tenons à déclarer que nous ressentons pour la nation hellénique une sympathie tout aussi sincère que pour les autres nations chrétiennes d'Orient; car, malgré la diversité des langues, nous considérons un peu tous ces peuples comme frères, comme très proches parents en tout cas. Mais nous avons avant tout songé, dans cet ouvrage, à aplanir les obstacles insurmontables pour la réalisation de notre projet de pacification et de confédération, et parmi ces obstacles se dressent en première ligne les menées panhellénistes de ceux qui voudraient voir la réalisation prochaine de leurs vœux.

Nous n'allons pas jusqu'à demander aux patriotes d'Athènes de renoncer au fond de leur cœur à tout leur idéal; nous souhaitons seulement de leur voir laisser à l'avenir le soin de réaliser, parmi leurs rêves de grandeur, une partie équitable et possible dont ils devraient se contenter.

Jusqu'ici, en effet, bien qu'elle ait subi dans les guerres des défaites réitérées, la Grèce a obtenu d'importants avantages. Malgré l'annexion de la Thessalie, qui est un fait accompli depuis 1881, et celle de la Crète, qui le deviendra bientôt, les Grecs paraissent voués à n'être jamais satisfaits.

Considérant Athènes comme une capitale provisoire, ils semblent hallucinés par la « grande idée » de la reconstitution, à leur profit, d'un Empire byzantin qui engloberait Constantinople, — une convoitise qui hante également le cerveau des Bulgares.

Ils invoquent des droits de priorité historique dans les Balkans et prétendent même que toutes les provinces européennes de la Turquie devraient légitimement leur revenir.

Il est vrai que les Grecs, aussi bien que les Albanais, peuvent se dire autochtones dans une partie de la Péninsule, comme élément directement superposé à la couche primitive pélasgique; mais, de nos jours, il serait bien difficile de reconnaître aux peuples des droits de possession basés sur la preuve plus ou moins indubitable d'une situation de premier occupant. Du fait d'avoir vécu comme indigènes ou comme colons sur certains points du territoire balkanique, il ne s'ensuit pas que les Grecs puissent aujourd'hui réclamer politiquement ces régions, qui ont subi tant de bouleversements durant le cours des siècles et ont été habitées, tour à tour, par tant d'autres peuples dont les empreintes y sont peut-être restées plus profondes. Les anciens Grecs se croyaient si peu des droits exclusifs dans ces contrées qu'ils considéraient comme barbares les populations de la Thrace, de l'Épire et de la Macédoine; et, en fait, ils n'y ont jamais eu que quelques colonies.

L'Empire byzantin fut — on le sait — une agglomération de peuples les plus divers.

Dans son livre intitulé *la Grèce byzantine et moderne* (1), M. D. Bikélas s'efforce de justifier cet Empire de certaines accusations injustes ou exagérées et de

(1) Paris, Firmin-Didot, 1893.

démontrer que l'hellénisme n'est pas responsable de toutes les fautes de Byzance; il est d'ailleurs obligé d'avouer que « c'est l'Orient qui constitue pour ainsi dire l'Empire, et que si parmi les empereurs il y en a quelques-uns qui épousent des Athéniennes, eux-mêmes sont tous des Thraces, des Arméniens, des Isauriens, des Cappadociens; mais jamais ils ne sont d'Athènes, ou de Sparte, ou d'une autre origine vraiment hellénique ».

A part le littoral, l'élément grec existant dans la péninsule balkanique se trouve disséminé au milieu d'autres races. Il n'en a jamais été autrement. Même dans l'antiquité, ce peuple, si colonisateur sur bien des points du littoral méditerranéen, s'est toujours tenu à l'écart des races barbares et guerrières du nord. Cet éloignement, basé sur la crainte plus peut-être que sur l'aversion, s'est trouvé justifié, puisque ce fut Philippe de Macédoine, père d'Alexandre, qui ensevelit, après des guerres mémorables, la gloire et l'indépendance helléniques.

Ainsi donc les Grecs, tout en conservant des droits sur les maigres portions de territoires qu'ils occupent encore, ne sont guère autorisés historiquement à revendiquer la pleine possession de la Thrace, de la Macédoine et de l'Épire. Le consentement de l'immense majorité des habitants leur est refusé, et si même la tradition hellénique s'est maintenue dans une partie de la Péninsule, c'est grâce à la seule influence de l'Église grecque orientale et aux grands privilèges qui placèrent longtemps sous la tutelle religieuse du patriarcat tous les chrétiens d'Orient.

Les hauts dignitaires d'un culte qui, en Turquie, représente une véritable force politique, parvinrent tout d'abord à englober dans la sphère de l'hellénisme toutes les nationalités chrétiennes subjuguées, chez lesquelles le sentiment de leur foi remplaça pendant longtemps le sentiment national endormi. La religion semblait ne faire qu'un avec l'hellénisme, confusion résultant de ce que Mahomet II reconnut, après la conquête de Byzance, avec un remarquable sens politique, au patriarcat, des droits assez étendus pour que tout le fantôme de la vie politique des roumis gravitât autour de lui. Ce fut presque un État dans l'État et, dans tous les cas, un intermédiaire commode entre l'élément dominant et l'élément dominé.

L'hellénisme eut donc ce double point d'appui, l'Église et l'école. Il présida à l'organisation des communautés et parut longtemps aux populations chrétiennes comme un prolongement du pouvoir impérial d'avant 1453. Quand rien n'avertissait encore du contraire, comment les écrivains, les touristes et même les ethnographes n'auraient-ils pas été portés à croire que les populations de ces contrées, où dominait cette forme de l'hellénisme, étaient uniformément de race grecque?

A propos de chacune de ces populations, Bulgares, Roumains, Serbes, Albanais, nous avons expliqué comment et quand s'opéra le réveil national, finalement dirigé autant contre la grécisation que contre la domination de la Turquie.

Fait singulier, ce mouvement séparatiste naquit au moment même où la reconnaissance de l'indépendance de la Grèce semblait devoir offrir à l'hellénisme une base solide. Mais les Grecs ne se tinrent pas pour battus; ils conservèrent l'espoir d'helléniser, puis d'occuper la Macédoine et l'Épire. Avant la création d'un État bulgare, n'affirmaient-ils pas leurs droits sur le territoire actuel de la principauté!

C'est seulement aujourd'hui, quand les Serbes et les Roumains prennent position dans la lutte d'influence, que leur foi en la réalisation de leur idéal commence à être ébranlée.

Un autre signe de désaffection était pourtant de nature à leur donner à réfléchir. Nous avons montré quel concours moral et même matériel reçurent les Grecs de 1821 de la part de tous les chrétiens de Turquie; à ce moment, leur cause fut celle de tous les roumis; même en 1854, même en 1877, ils furent puissamment assistés par les populations de Macédoine appartenant à d'autres races.

Or, pendant la dernière guerre gréco-turque, cet appui leur fut totalement refusé. Et non seulement la Turquie ne trouva contre elle, dans les rangs de l'armée du roi Georges, aucun des éléments qui jadis prêtaient leurs forces aux insurrections des Grecs, mais, en Épire, on vit même des Roumains et des Albanais chrétiens prendre les armes contre les troupes helléniques.

Avec une incroyable obstination, Athènes

cherche encore à regagner le terrain perdu. Elle redouble d'efforts par la création de consulats et d'écoles, par l'envoi d'agents de propagande, et se saigne à blanc pour détourner de son maigre budget le million et demi de drachmes — outre les sommes fournies par la libéralité des particuliers — qu'elle jette en Macédoine. Surtout, elle masque ses insuccès par des statistiques faussées, qui trompent malaisément les chancelleries, si elles sont encore souvent accueillies sans contrôle par la presse européenne, et qui fournissent des éléments erronés à des brochures politiques.

Le moment viendra où le public se fera une opinion plus conforme à la réalité des faits. Déjà les Bulgares ont concentré sur eux toute l'attention aux dépens des Grecs. Ce n'est encore qu'une étape, et, quand elle sera franchie, la part qui revient à chaque peuple de la péninsule balkanique apparaîtra clairement aux yeux de tous.

Cette propagande hellénique avait de beaucoup précédé l'indépendance de la Grèce, qui en fut l'unique résultat et qui tourna même contre la « grande idée », en ce sens que d'autres « idées » firent leur chemin dans le monde et se mirent en travers de l'accomplissement de celle-ci.

Dès 1740, la première école secondaire grecque avait été ouverte à Cojani; elles se multiplièrent à mesure que grandirent les appétits d'extension territoriale des Hellènes.

Le grand malentendu fut celui-ci : les nationalités chrétiennes fatiguées du joug musulman, qui avaient pris une part active au mouvement de 1821, avaient eu l'illusion que la Grèce, constituée en État, les aiderait à son tour à secouer la domination ottomane; mais celle-ci afficha de tout temps les vues les plus égoïstes. Au lendemain même de sa libération, elle refusa le droit de cité à ceux qui venaient de verser leur sang pour elle et les « autochtones » mirent en quarantaine les « hétérochtones ».

Il se confirme de plus en plus que la Grèce est indifférente au fait que les roumis restent ou non roumis; il semblerait au contraire qu'elle voit de mauvais œil tout mouvement d'émancipation qui ne se dessine pas à son profit : c'est ainsi qu'elle tient en ce moment ostensiblement le parti des Turcs contre les Bulgares, ses imitateurs.

D'ailleurs, en admettant le point de vue égoïste auquel ils se placent, les Grecs sont excusables d'en vouloir aux Bulgares. La Grèce, en effet, espérait que les soulèvements des chrétiens de Turquie, surtout celui de 1854, tourneraient à son profit, et ce sont les Bulgares qui, en obtenant une Église indépendante du patriarcat œcuménique, ont donné le signal de l'affranchissement de toutes les nationalités de l'influence hellénique.

Mais il faut toujours admirer un prodige d'énergie, même mal employée. Les Grecs, qui jusqu'alors travaillaient avec assez de sang-froid, déployèrent pour la lutte suprême une activité fébrile. Eux qui, en 1877, ne possédaient encore sur le territoire turc que 111 écoles de garçons et de filles peuplées de 5,361 élèves, comptaient déjà, dix ans plus tard, c'est-à-dire en 1887, 339 écoles avec 18,541 élèves, et, aujourd'hui, ils en ont porté le nombre à 973, ayant une population scolaire de 57,681 sujets.

Le gouvernement d'Athènes, le patriarcat et les communautés ecclésiastiques assument les frais considérables de cette propagande, qui s'exerce non dans les communes peuplées d'éléments grecs, généralement négligées celles-là, mais dans les communes roumaines, bulgares et, toutes les fois que c'est possible, albanaises.

Ces populations ne dédaignent pas les

bienfaits de l'instruction, même en langue grecque; elle est appréciable dans un pays essentiellement polyglotte, et la concurrence des propagandes y a réduit à 5 pour 100 le nombre des illettrés mâles parmi les individus âgés de moins de trente ans.

Au point de vue politique, cependant, le résultat est nul : le grec est toujours une langue de superfétation, un simple véhicule d'idées, laissant subsister dans la famille l'emploi exclusif de la langue nationale. Un exemple typique : l'Avéroff des Olympiques, le grand bienfaiteur de la Grèce, est natif de Metzovo, et ses collatéraux, issus d'un frère, continuent d'habiter ce centre roumain hellénisant; eh bien, ils parlent le roumain, et chez eux les femmes ignorent même le grec.

Combien était vaste l'idéal de la Grèce jusqu'en 1870! *La Carte ethnographique de la Turquie d'Europe et de la Grèce*, publiée à Londres en 1876 (1), par Ed. Stanford, comprenait comme pays helléniques, outre l'Épire et une partie de l'Albanie, toute la Macédoine depuis Struga (près d'Ochrida) et Kacianik au nord, ainsi que le sud de la Bulgarie jusqu'à Kustendil, la Roumélie Orientale, toute la Thrace et même les côtes de la Bulgarie.

Le traité de San-Stefano aurait ruiné toutes ces espérances; le traité de Berlin leur porta quand même un coup sensible en englobant dans la Roumélie Orientale des territoires ambitionnés par les Grecs.

Pour combattre les prétentions ethnologiques émises par Schafarik et autres publicistes slaves, on fit dresser, en Grèce, des cartes tendant à démontrer la prédominance de l'élément hellénique dans tout le sud de

(1) Traduction française, Dentu, 1877. Cette carte accompagnait un mémoire sur la répartition des races de la péninsule balkanique, concluant à la « parfaite nationalité hellénique de la Thrace et de la Macédoine ».

l'empire ottoman européen. Telle est la carte éditée chez E. Kiepert, à Berlin, aux frais de M. Stephane Zamfiropoulo.

Mais pas plus que les panslavistes, les panhellénistes ne sauraient changer la nationalité véritable des pays en passant des couleurs sur des cartes.

L'idéal des Grecs, privés de tout appui extérieur, n'a plus de chances de se réaliser un jour, maintenant que l'hellénisme a perdu tout le terrain gagné par chacun des éléments chrétiens qui recherchent leur développement ethnique national.

Les statistiques les plus dignes de foi prouvent que l'élément grec est peu nombreux en Macédoine; on ne le trouve guère que dans le district de Castoria et dans la région de Serfidjé (Servia). A Bitolia (Monastir), le centre le plus important du pays, en dépit des apparences, il n'existe pas. Ce sont les Roumains grécisants, en grand nombre, qui peuvent donner le change, mais la minorité des nationalistes tend de plus en plus à absorber ces « grécomanes » ; ce sera l'affaire d'une génération, et peut-être l'institution d'un chef religieux roumain accélérera-t-elle ce mouvement.

Si nous passons à l'Épire, le même phénomène se constate. Pas de Grecs. A part Janina et quelques pauvres villages des environs, on ne rencontre, en dehors des Albanais, qu'un élément roumain, supérieur comme culture intellectuelle et situation économique. Les deux versants du Pinde sont la citadelle même du roumanisme, avec leur population pastorale formant une masse compacte absolument rebelle à l'hellénisation.

Même dans la Thessalie grecque, si l'on part de Metzovo en Épire, on ne trouvera que l'élément roumain sur toute la chaîne des monts où prend sa source l'Aspropotamos. Cet élément domine encore dans le massif de l'Olympe, où lui appartiennent les communes les plus riches et les plus peuplées, tandis que les Grecs y sont pauvrement représentés.

Si donc la Grèce reste vénérable par son passé, l'avenir de l'hellénisme est plus que compromis, malgré l'emploi de procédés démodés, tels que révoltes fomentées, manifestations tapageuses, plébiscites mensongers tendant à démontrer que telle ou telle population est hellène.

Ce système, aujourd'hui usé, a pourtant réussi pour l'annexion de la Thessalie. On y avait organisé une révolution; des troupes régulières grecques coopéraient avec les rebelles. La Turquie, éprouvée par tant d'hécatombes et surtout ne pouvant plus, sans aucun profit en perspective, entreprendre une nouvelle guerre qui eût consommé la ruine de ses finances, s'adressa à l'Angleterre. La médiation de celle-ci eut pour résultat d'aplanir le conflit au moyen d'une rectification de frontières en Thessalie et en Épire, de sorte que la Thessalie revint à la Grèce par de simples manœuvres diplomatiques.

Cela ne vaut pas évidemment l'Épire et la Macédoine, contrées fertiles et peuplées dont la possession assurerait d'abondantes richesses au royaume hellénique, dont le sol est si improductif. C'est pourquoi les Grecs se butent dans des convoitises d'autant plus vaines qu'en dehors des bonnes raisons que nous avons données, l'expérience faite en Thessalie est probante. La Grèce est un pays essentiellement chauvin qui ne permet pas le libre développement des autres races; au surplus, avec des finances avariées, avec une population et une armée insuffisantes par rapport à ses rivaux, elle ne saurait actuellement offrir des garanties sérieuses de prospérité et d'avenir à des populations étrangères, en admettant même le cas improbable où elle arriverait à les conquérir.

Est-ce à dire que la Grèce n'ait aucune perspective devant elle, et que, découragée, elle doive vivre de regrets stériles?

Au lieu de poursuivre une dangereuse politique d'expansion, que n'imite-t-elle l'exemple de la Roumanie, qui se fortifie au dedans pour être respectée au dehors? Que en réforme-t-elle une administration qui fait regretter le régime turc, il faut bien le dire, aux populations roumaines de Thessalie qui ont d'ailleurs officiellement protesté contre leur annexion à la Grèce? Les Macédoniens, les Épirotes et les Albanais n'ont pas la moindre envie de subir à leur tour cette administration, et la Grèce a malheureusement fourni des arguments à ceux qui font de la conservation d'un fantôme de Turquie un article de leur *credo* politique.

CHAPITRE VIII

LES MONTÉNÉGRINS

Formé d'un massif montagneux inaccessible, le Montenegro, grâce à sa précieuse situation géographique et à l'indomptable courage de ses habitants, a toujours pu sauvegarder son indépendance. Voici en quels termes s'exprimait jadis le sultan Émir khan, en parlant de ce vaillant petit peuple : « Nous, le sultan Émir khan, dont la domination s'étend de l'orient à l'occident, faisons connaître à nos vizirs, pachas et cadis de Bosnie, Herzégovine, Albanie et Macédoine, provinces limitrophes du Montenegro, que les Monténégrins n'ont jamais été les sujets de notre Sublime

Porte, afin qu'ils soient bien accueillis à la frontière, et nous espérons qu'ils procéderont de même vis-à-vis de nos sujets. »

Le traité de Berlin assura au Montenegro une extension territoriale, avec les ports d'Antivari et de Dulcigno, débouchés maritimes précieux pour son avenir économique. Ses habitants avaient mérité cet agrandissement par leur conduite héroïque en 1876 et en 1877, quand ils immobilisèrent un corps d'armée turc de 50,000 hommes. Ce n'est qu'après la défaite des Serbes que, renonçant à leur tactique offensive habituelle, ils durent se contenter d'une admirable défensive.

En vertu du traité de San-Stefano, le gouvernement ottoman cédait au Montenegro une zone de terrain appréciable. Un peuple qui avait aussi vaillamment lutté pour la croix depuis des siècles était bien digne d'être pris en considération, après la guerre victorieuse dans laquelle il venait de se couvrir de gloire; mais les puissances ne donnèrent qu'une insuffisante satisfaction à ses vœux, malgré l'appui de la Russie.

L'Autriche-Hongrie, qui avait jeté son dévolu sur la Bosnie et l'Herzégovine, première étape de son *Drang nach Osten*, se réserva des régions appartenant au massif montagneux du Montenegro; on reprit même le district de Spizza, qui lui avait été accordé par le traité de San-Stefano. Le seul avantage réel dont bénéficia la principauté fut son extension dans la direction de l'Albanie, qui facilitait l'exploitation de ses forêts et de ses richesses minérales, en portant son commerce un peu au delà de la zone dans laquelle le renfermait sa situation alpestre.

Mais jamais les Monténégrins ne pourront oublier que leur avenir est vers les Balkans, où ils voudraient, en attendant mieux, quelques nouvelles rectifications de frontières destinées à consolider leur pays et à lui assurer un peu plus de terres arables. Le prince régnant actuel, si avisé, si favorisé aussi par de hautes alliances, cherche à tirer parti de ses liens avec les cours européennes pour jeter les bases d'une politique d'expansion. On sait que la princesse Hélène de Montenegro est montée sur le trône d'Italie et que le roi de Serbie actuel, Pierre Ier Karageorgevitch, est veuf de la fille aînée du prince Nikita, dont il a eu des enfants, tandis que le prince Mirko est apparenté aux Obrenovitch par sa femme, née Constantinovitch.

Le Montenegro a fait partie, au moyen âge, de l'empire de Douchan, et lorsque, au seizième siècle, les Turcs soumirent les Serbes à leurs armes, il dut à ses défilés imprenables de pouvoir résister aux hordes musulmanes.

Le prince Nikita, aussi habile diplomate que valeureux guerrier, et tout absorbé en apparence par l'introduction à Podgoritza des systèmes agricoles les plus modernes, n'en suit pas moins avec activité la ligne de sa politique extérieure. L'idée d'une union intime avec la Serbie et de la fraternisation de tous les peuples balkaniques de race slave est le pivot de l'activité politique de la principauté qui rêve de jouer un jour, parmi les nations dites jougo-slaves, le rôle du Piémont en Italie ou celui de la Prusse vis-à-vis des États germaniques.

En attendant, et quoi qu'il en soit de l'avenir de ces projets ambitieux, le prince Nikita, par son prestige parmi les races slaves d'Orient dont il est le plus ancien souverain, comme par ses illustres alliances, pourrait efficacement contribuer à déterminer un courant favorable à la solution du problème oriental. Le lien qui l'unit à la Maison de Savoie semble l'indiquer pour servir en quelque sorte de trait d'union entre l'Italie et les peuples slaves d'Orient.

CHAPITRE IX

QUE FAIRE?

De ce rapide coup d'œil jeté sur la carte de la péninsule balkanique, il ressort bien qu'après la dissolution fatale de l'Empire ottoman, jamais les peuples chrétiens, désunis et rivaux, ne pourraient s'entendre pacifiquement sur leurs droits respectifs, si l'on tentait de partager entre eux les contrées qui forment encore le domaine des Turcs en Europe. On se heurterait à des prétentions contradictoires.

D'ailleurs l'enchevêtrement, la pénétration réciproque des diverses nationalités exclut tout partage vraiment équitable, car l'ethnographie et la géographie ne concordent pas et les droits historiques de cette poussière de peuples n'offrent pas une base plus solide.

Les Bulgares ne reconnaissent les droits des Grecs que jusqu'à la rivière Aliacmon (Vistritza) et nient absolument ceux des Serbes sur tout le reste du territoire (1).

Les Serbes, de leur côté, réclament l'ensemble de la Macédoine, en rattachant à leur nationalité toute cette population slave que les Bulgares affirment être de leur sang.

Les Roumains et les Albanais s'élèvent contre des visées aussi audacieuses sur des régions où eux-mêmes se trouvent parfois supérieurs en nombre aux autres nationali-

(1) Dans une carte publiée à Sofia, il y a une vingtaine d'années, les limites de la Grande-Bulgarie s'étendent jusqu'à Ochrida et Salonique, et comprennent toute la Macédoine, la Vieille Serbie et même la partie du royaume serbe située à l'est de la rivière Morava.

tés. Les uns et les autres forment un élément irréductible qui préférerait même le régime turc actuel à une hégémonie grecque ou slave, et ils ont pour eux leur établissement bien antérieur dans les parages qu'ils occupent.

Les Monténégrins compliquent également le problème en s'appliquant à provoquer une union slavo-balkanique, également menaçante pour les Grecs, les Roumains et les Albanais.

Les Grecs n'admettent pas qu'il y ait en Macédoine des Slaves, des Roumains et des Albanais, et réclament, comme héritiers de Byzance, presque toutes les possessions européennes de la Turquie.

Comme les Serbes, les Grecs redoutent de voir s'établir à Constantinople, par l'intermédiaire des Bulgares, un grand État panslaviste.

Aussi, quelques personnages grecs, relativement modérés dans leurs aspirations panhellénistes, ont-ils admis, dans l'éventualité d'une confédération balkanique, de concéder aux Serbes quelques territoires de la Macédoine du nord, tout en réservant, bien entendu, pour le royaume hellénique, le reste de la Macédoine avec Salonique, l'Épire et la Crète.

Du côté des Serbes, en 1885, M. Mijatovics, alors représentant de son pays à Londres, a exprimé l'opinion, dans une interview prise par un journaliste anglais, que l'entente de la Serbie et de la Grèce pourrait bien former la base d'une future confédération balkanique, mais à la condition de se partager équitablement la Macédoine.

Mais quel compte a-t-on tenu, dans tout cela, des Bulgares, des Albanais et des Roumains?

Une entente à deux sur ce terrain ne peut avoir aucune valeur, et de semblables projets ne sont guère plus pratiques et réalisables que ceux des panbulgares qui voudraient englober toute la Macédoine.

En prenant pour point de départ l'inéluctable affaissement de la Turquie, il faut bien pourtant que, dans les contrées nouvellement affranchies et mises par les compétitions des nationalités hors d'état de s'administrer elles-mêmes, une autorité quelconque vienne remplacer la domination ottomane et maintenir entre les petits États balkaniques un équilibre indispensable pour la paix future de l'Orient.

Cette autorité ne peut venir que du dehors ; or la Russie et l'Autriche-Hongrie nous paraissent exclues par leurs ambitions mêmes, — car nous ne voulons tenir aucun compte des ambitions étrangères, puisque nous nous plaçons au point de vue du seul intérêt des populations balkaniques.

Nous avons acquis l'inébranlable conviction — et c'est ici l'idée, absolument personnelle, qui a déterminé la publication du présent travail — qu'aucune puissance mieux que l'Italie ne pourrait présider à l'œuvre de régénération de ces peuples chrétiens, en se substituant, avec le consentement de l'Europe, à l'Empire ottoman, pour la tutelle et l'administration des contrées nouvellement affranchies.

Cette tutelle durerait jusqu'au jour où les habitants de ces contrées, aujourd'hui arbitrairement divisées en vilayets et que nous répartirions mieux en provinces d'Albanie et de Macédoine, auraient acquis une suffisante maturité politique et économique. Ce jour-là, — il ne tiendrait qu'à leur sagesse de le hâter, — ces populations auraient à décider de leur sort par voie de plébiscite et à déclarer si elles préfèrent vivre par elles-mêmes, sous une forme républicaine ou monarchique, ou être réunies soit les unes aux autres en fédération, comme les cantons suisses, soit à tel ou tel État; car il faudrait leur assurer la plus complète liberté de disposer d'elles-mêmes, après cette période d'attente.

Mais la solution que nous envisageons comporte, à côté de l'autorité supérieure jugée indispensable, une seconde condition qui consisterait en l'établissement d'un lien unissant entre elles non seulement les deux nouvelles provinces, mais tous les peuples chrétiens de l'Orient, ceux-là précisément dont les propagandes se disputent ces nationalités encore sous le joug. Ce lien, qui leur permettrait à tous — plus ou moins jaloux de leur influence et trop faibles dans l'état actuel et futur des concurrences mondiales — d'établir la paix de la Péninsule sur des bases solides, et que certains écrivains ont parfois souhaité vaguement, c'est la *Confédération orientale*.

C'est à dessein que nous évitons l'expression de *Confédération balkanique*, puisque la Roumanie et la Grèce devraient en faire partie, et celle d'*États-Unis d'Orient*, qui peut-être ferait penser à une centralisation future des divers États confédérés.

CHAPITRE X

QUELQUES OPINIONS SUR LA QUESTION D'ORIENT

La question d'Orient a préoccupé jusqu'ici de nombreux esprits. Des écrivains de talent ont publié des livres où ils proposent telle ou telle solution, apte, d'après eux, à régler la situation des peuples d'Orient. Des hommes politiques ont organisé des ligues et des comités destinés à propager leurs idées et à venir en aide aux populations balkaniques.

Avant d'exposer notre propre solution, nous passerons rapidement en revue celles qui ont été proposées jusqu'ici, et dont aucune ne nous paraît pratiquement applicable.

Parmi ceux qui se sont occupés de cette question, quelques-uns préconisent des mesures utiles sans doute, mais trop platoniques; d'autres se placent uniquement au point de vue de l'intérêt d'une grande puissance à laquelle ils veulent inféoder les États des Balkans.

C'est ainsi qu'un écrivain russe, M. Danilewski, tout en admettant le principe d'une confédération, — où il voudrait d'ailleurs faire entrer tous les Slaves, — demande que Constantinople, destinée, dit-il, à devenir la ville commune à tout le monde orthodoxe et slave, soit *temporairement* occupée par les Russes (1).

L'auteur, dans son projet de confédération, qui peut être considéré à juste titre comme le code du panslavisme, répartit, comme suit, les divers peuples de l'Orient :

(1) N. R. Danilewski, *la Russie et l'Europe*, Saint-Pétersbourg, 1889.

1° Empire russe, avec la Galicie et la Ruthénie hongroise;

2° Royaume tchèque-moravo-slovaque, avec annexion du nord-ouest de la Hongrie;

3° Royaume serbo-croate-slovène, comprenant la Serbie, le Montenegro, la Bosnie, l'Herzégovine, la Vieille Serbie, l'Albanie du Nord, la Serbie hongroise, la Croatie, l'Istrie et Trieste;

4° Royaume bulgare (Bulgarie, Roumélie, Macédoine);

5° Royaume roumain (Roumanie et Transylvanie);

6° Royaume hellénique (Grèce, partie de la Macédoine, Crète, Chypre, l'Archipel, etc.);

7° Royaume hongrois;

8° Province de Constantinople.

Avec des idées moins panslavistes que M. Danilewsky, le comte Kamarovski, professeur à l'Université de Moscou, trouve que la meilleure solution de la question d'Orient consiste à transformer en une capitale de la Fédération balkanique Constantinople, dont on détruirait les forteresses ainsi que celles du Bosphore et des Dardanelles. L'auteur demande que l'on décide enfin de l'héritage de la Turquie et que l'on choisisse pour cela, non la traditionnelle voie politique avec ses conséquences de bouleversements, d'intrigues diplomatiques et de guerres, mais celle du droit international où se réconcilient les intérêts de toute nature, politiques ou autres, qui sont en jeu dans la question d'Orient. Le comte Kamarovski propose d'attribuer à la Grèce l'Archipel, Candie et Chypre, ainsi que les contrées peuplées par des Grecs, notamment une partie de la Macédoine, dont l'autre partie reviendrait à la Bulgarie. Le Montenegro recevrait l'Herzégovine (1).

Ces divers projets préconisés par des

(1) Voir : *la Question d'Orient*, in *Revue générale du Droit international public*, juillet 1896.

écrivains russes masquent mal le secret désir de la Russie de s'emparer de Constantinople et de prendre l'héritage de l'Empire turc. Bien qu'étant fermement partisan du système fédéral, nous exposerons plus loin les raisons pour lesquelles une confédération créée sur de pareilles bases nous paraît impossible. Si nous estimons qu'un large pacte fédéral, à la fois souple et solide, fournirait aux peuples chrétiens d'Orient la sécurité indispensable à leur développement pacifique, nous désirons avant tout qu'il leur permette de vivre par eux-mêmes.

La génération précédente nous a valu quelques projets de solution qu'il nous semble intéressant de citer :

En 1860, nous trouvons l'idée d'une confédération ou union balkanique émise dans quelques brochures. L'une, signée D. Rattos (1) (Constantinopolitain), pro-

(1) Dionyse Rattos, *Constantinople, ville libre*, Paris, E. Dentu, 1860.

pose que le sultan soit invité par les puissances à aller établir sa capitale à La Mecque, à Damas, au Caire ou à Alexandrie, ajoutant que bien des princes et bien des peuples, dans l'histoire, pour n'avoir pas su céder à temps à la nécessité, sont sortis de la position malheureuse où ils se trouvaient beaucoup moins bien qu'ils ne l'auraient fait sans leur résistance. Constantinople et les territoires environnants seraient libres, un peu comme Hambourg; le Bosphore et l'Hellespont, neutralisés; enfin les États chrétiens soumis à la domination ou à la suzeraineté de la Turquie seraient constitués en une confédération dont feraient également partie certaines contrées d'Asie Mineure et d'Arménie.

Il est curieux de noter que, déjà à cette époque, l'auteur reconnaît que l'Autriche seule aurait intérêt à s'opposer à ce plan de confédération, qui lui enlèverait du coup la perspective de s'agrandir vers le sud et de mettre à exécution ses desseins le long de l'Adriatique et du Danube.

La même année, un autre écrivain (1) propose aussi de substituer à la Turquie, bien que celle-ci fût à cette époque beaucoup plus puissante que de nos jours, une confédération de divers États, avec Constantinople ville libre, et souhaite que les grandes puissances, au lieu de poursuivre des conquêtes en Orient, se contentent d'y rechercher la prospérité de leurs intérêts commerciaux.

Revenant aux temps présents, nous mentionnerons que quelques membres des fameux comités bulgares entrevoient, dit-on, une confédération, restreinte d'ailleurs aux seuls peuples de la Macédoine, où ils rêveraient d'organiser une petite « Balkanie » à l'instar de la Confédération suisse. L'agitateur Boris Sarafoff s'est fait prendre une

(1) C. Casati, *le Réveil de la Question d'Orient*, Paris, Dentu, 1860.

interview dans ce sens, mais les antécédents de ce personnage peuvent le rendre suspect.

Nous rappellerons encore pour mémoire qu'en 1887 les Bulgares ont offert la couronne de leur jeune principauté au roi Charles de Roumanie, ce qui eût constitué, sous un même souverain, une union étroite grâce à laquelle, avec le temps, les deux nations eussent dominé dans la Péninsule; il s'agissait donc plutôt d'une hégémonie.

Comme campagne récemment entreprise dans le sens d'une confédération, campagne qui dépasse le cadre des nations balkaniques, puisqu'elle escomptait déjà le démembrement de la monarchie des Habsbourg, — certains journaux européens ont signalé le pacte slavo-italien, auquel travailleraient MM. Ricciotti Garibaldi et le docteur F. Pavicitch, de Croatie.

Les grandes lignes en seraient : 1° l'organisation indépendante des peuples slaves d'Autriche et des Balkans, pour faire échec aux pangermanistes; 2° l'engagement par l'Italie de ne réclamer que Trente, Trieste et l'Istrie, ainsi que la protection de ses nationaux le long des côtes dalmates; 3° la fédération des nations formées par les Croates, les Slovènes, les Bosniaques, les Herzégoviniens, les Monténégrins, les Serbes, les Bulgares, les Roumains, les Koutzo-Valaques (Roumains du sud), les Albanais et les Grecs.

Nous ne nous arrêterons pas aux ententes esquissées entre certains pays balkaniques sur la base de la race, telle la sérieuse tentative de rapprochement qui s'opère en ce moment entre la Bulgarie, la Serbie et le Montenegro. Cette Triplice ne vise pas un but désintéressé; elle paraît être dirigée contre les progrès et les armements de l'Autriche-Hongrie et encouragée secrètement par la Russie.

Elle prendrait le nom d' « Union slave »

ou « Fédération slave », et la *Novoié Vrémia* dit que « la Macédoine tout entière pourrait en faire partie », ce qui attribuerait à celle-ci un caractère purement slave, au mépris des droits et des aspirations des autres nationalités.

De pareilles ententes séparées, si elles ne sont pas complétées par l'adhésion de tous les peuples intéressés, non seulement ne répondent pas à notre but, mais, en provoquant d'autres contre-ententes même provisoires, elles seraient plutôt propres à devenir une source de conflits qu'à être le prélude d'une Confédération orientale, laquelle doit évidemment tenir compte des intérêts non de deux ou trois nationalités, mais de toutes les nationalités sans exception.

Dans une réunion organisée il y a une dizaine d'années, à Paris, par la « Ligue pour la Confédération balkanique (1) » avec le

(1) Voici les articles 2 et 3 des statuts de cette Ligue :
« Art. 2. — Le but de la Ligue est de poursuivre la réalisa-

concours de la « Ligue internationale de la Paix et la Liberté (1) », M. P. Argyriadès, président de la Ligue balkanique, a rappelé que les publicistes les plus renommés, les écrivains les plus désintéressés, ont préconisé l'idée d'une confédération balkanique. M. Argyriadès cite, parmi les plus connus des publicistes européens, Michelet, Louis Blanc, Quinet, Lamartine, Saint-Marc-Girardin, Cattaneo, Garibaldi, Charles Lemonnier, Victor Hugo, Gambetta, le général Türr, Magalhâes Lima, Émile Arnaud, etc., et ajoute que des tentatives d'entente avaient déjà eu lieu entre différents hommes politi-

tion d'une confédération de tous les peuples de l'Europe orientale et de l'Asie Mineure.

« Art. 3. — Ces peuples s'énumèrent ainsi : 1° la Grèce avec l'île de Candie ; 2° la Serbie avec la Bosnie-Herzégovine ; 3° la Bulgarie ; 4° la Roumanie ; 5° le Montenegro ; 6° la Macédoine et l'Albanie qui formeraient un État libre et fédératif ; 7° la Thrace avec Constantinople comme ville libre et siège des délégués des États confédérés ; 8° l'Arménie et l'Asie Mineure avec les îles de son littoral »

(1) Dont M. Émile Arnaud est le président.

ques des États orientaux et que des comités s'étaient même formés à Athènes, à Bucarest, en Suisse et en Angleterre.

Enfin, plusieurs congrès de la Ligue internationale de la Paix et de la Liberté ont apporté à l'idée d'une Confédération orientale l'appui de leur autorité, notamment à Lausanne en 1869, à Genève en 1876, 1877 et 1886.

Voici comment cette Association s'exprimait à cet égard, le 12 septembre 1886 :

« La Ligue internationale de la Paix et de « la Liberté manquerait à son premier devoir « si, dans la crise que traversent en ce mo- « ment les jeunes États de la presqu'île bal- « kanienne, elle ne faisait entendre sa voix. « Ces États, même ceux que les convoitises « des empereurs ne semblent point menacer « immédiatement, courent tous les plus « grands dangers. A peine délivrés de l'as- « servissement, les voilà livrés à des intri- « gues qui mettent en péril leur libre déve-

« loppement aussi bien que la paix de « l'Europe. Leur intérêt particulier se con- « fond avec l'intérêt général de tous les « peuples. Leur cause est celle de toutes « les nations. La Ligue s'adresse donc à « l'opinion publique du monde civilisé, aux « hommes d'État de tous les pays qui ont « une part dans la direction de la politique « européenne, aux peuples balkaniens et à « leurs souverains, et les conjure d'obvier « à ce menaçant état de choses.

« Le moyen le plus net et le plus efficace « de se soustraire aux convoitises mal- « saines, serait celui d'une organisation « fédérative, sanctionnée par une neutrali- « sation garantie par l'Europe. Tel est « l'idéal, tel devrait être le but des efforts « des peuples balkaniens et de tous les cabi- « nets soucieux de l'équité. »

Il s'est fondé à Londres, en vue de la solution des questions d'Orient, une association qui revêt une haute importance en raison des personnages du clergé et de l'aristocratie ainsi que des nombreuses notabilités politiques, scientifiques et littéraires qui la composent. Le « Comité des Balkans » a pour président sir James Bryce, ministre plénipotentiaire et membre de la Chambre des communes ; pour orateur, M. Noël Buxton, et pour secrétaire, M. W. A. Moore. Sur la liste des vice-présidents, nous relevons les noms des évêques de Lichfield, de Hereford, de Worcester, des très hon. Herbert Gladstone et lord Edmond Fitzmaurice, du comte d'Aberdeen, etc. Comme correspondants étrangers figurent MM. de Pressensé, député ; Victor Bérard; M. P. Quillard (du comité arménien de Paris) ; le marquis de San-Giuliano, député, ancien ministre, de Rome; G. P. Villari et Agnoletti, de Florence.

Cette association internationale a pour programme, en ce qui concerne la Macédoine, l'autonomie de cette province sous un gouverneur européen responsable seulement devant les puissances, et elle compte pour atteindre ce but sur l'action combinée de l'Angleterre, de la France et de l'Italie.

Le *Balkan Committee* a convoqué cette année à Londres une conférence dans l'intérêt des populations chrétiennes de l'Empire ottoman, sous la présidence de sir James Bryce.

Au cours de cette conférence, où plusieurs orateurs français et italiens prirent la parole, M. Victor Bérard, dont les ouvrages sur les questions orientales sont bien connus, a résumé dans son allocution l'opinion générale en disant qu'aussi bien que l'assistance présente, le Comité arménien-macédonien de Paris n'espérait guère voir l'Autriche et la Russie réussir à résoudre le problème macédonien. M. Bérard rappelle le rôle efficace et conciliant joué en Crète par les amiraux Canevaro, Pottier et Noël, et déclare que la seule chance d'arriver à une solution favorable semble consister dans l'entente cordiale des trois grandes puissances libérales, l'Angleterre, l'Italie et la France.

Les idées émises à l'occasion de cette conférence cadrent dans une certaine mesure avec les nôtres, et nous serions heureux si notre proposition trouvait un appui au sein du « Comité des Balkans ».

En résumant, dans ce chapitre et dans le suivant, les différentes opinions relatives à la question d'union entre les peuples balkaniques, nous n'avons fait qu'analyser des écrits n'engageant que leurs auteurs.

Nous parlerons, plus loin, de la Confédération orientale telle que nous la proposons, et qui seule, d'après nous, peut apporter une solution équitable et radicale à la question d'Orient.

CHAPITRE XI

LA CONFÉDÉRATION ORIENTALE

Qu'il s'agisse des individus ou des peuples, l'avenir immédiat semble appartenir au principe d'association, aux groupements politiques ou économiques se traduisant par la création des unions douanières et des trusts, par la politique mondiale des nations, par les idées d'impérialisme, de panbritannisme, de pangermanisme, de panslavisme, d'union latine, etc.

Les luttes des sociétés humaines ont singulièrement élargi leur champ. Elles avaient commencé entre individus, puis entre tribus, avant de se poursuivre de municipe à municipe et de province à province; celles-ci se sont groupées en États armés les uns contre les autres, les grands absorbant ou tendant à absorber les petits. Mais qui sait si, un jour, sous l'influence des idées humanitaires, et en présence tant du péril jaune singulièrement menaçant que de la concurrence économique des États-Unis d'Amérique, on ne comprendra pas la nécessité de grouper en un seul faisceau les États-Unis d'Europe?

La période des conquêtes semble, en effet, de plus en plus condamnée par la conscience universelle, de plus en plus impuissante aussi. Les efforts violents d'assimilation ont échoué en Pologne, en Finlande, en Arménie. C'est pourquoi le militarisme est en baisse partout; les peuples se gouvernent davantage par eux-mêmes et le désarmement partiel, voulu par les masses et dont la diminution progressive de la durée du service militaire est un premier symptôme, amènera les nations, pour assurer leur existence, à l'adoption du système confédératif. Cette garantie mutuelle aura pour conséquence la fin des guerres continentales, les armées de terre permanentes disparaissant et ne laissant guère subsister qu'une forte gendarmerie pour assurer l'ordre intérieur, et de puissantes escadres pour tenir en respect les menaçantes formations extra-européennes dont nous avons parlé.

En traitant, dans un ouvrage récent (1), d'une future confédération européenne, l'éminent publiciste J. Novicow s'exprime ainsi :

« ... Nous commençons à percevoir net-
« tement la solidarité qui nous unit. En
« effet, espérer établir le bonheur d'une
« nation sur le malheur de ses voisines, est
« faire preuve de la plus profonde igno-
« rance. La Russie, par exemple, est autant
« intéressée à l'indépendance de la Pologne

(1) Bibliothèque pacifiste internationale. J. Novicow, *De la possibilité du bonheur*, Paris, 1904.

« qu'à la sienne propre. La sécurité com-
« plète de chaque nation, c'est-à-dire la
« possibilité pour elle d'atteindre le maxi-
« mum de bonheur, ne pourra être obtenue
« que par l'établissement d'institutions fé-
« dérales qui assurent la sécurité de toutes.
« En dehors de la fédération, il n'y a pas
« de salut. »

Si l'Amérique est un danger, elle offre aussi un exemple. Les États-Unis, qui devancent la vieille Europe par tant de côtés, ne sont-ils pas constitués en grande partie sur une base fédérale? Et si l'on s'en rapporte aux congrès panaméricains réunis dans ces dernières années, il est même à noter qu'à Washington on envisage déjà l'union future des deux Amériques.

Quant aux États-Unis d'Europe, cette formation ne s'opérera pas brusquement, mais elle résultera insensiblement du jeu naturel des lois sociales. Les nombreux congrès internationaux, en tête desquels il faut placer le congrès de La Haye, les traités d'arbitrage et d'entente, en sont les premières ébauches.

Dans l'antiquité, l'Empire romain constitua déjà une sorte de fédération d'États, mais dans les conditions les plus diverses, variant de la plus complète sujétion au lien purement nominal. L'organisation d'un ensemble aussi vaste était prématurée, aux premiers siècles de l'ère chrétienne. L'outillage scientifique et industriel ne permettait pas de donner une circulation vitale suffisante à des nations couvrant à peu près 5 millions de kilomètres carrés.

D'ailleurs, pour défendre son domaine peuplé d'environ 100 millions d'âmes, jamais Rome n'eut plus de 300,000 soldats. Mais si elle fut inhabile à donner au monde un bonheur parfait, elle sut du moins assurer de longues périodes de paix universelle, elle exerça une police supérieure des nations.

Combien plus aisément aujourd'hui, grâce à la rapidité des communications et à ses puissantes flottes, l'Angleterre sait administrer toutes les parties de son Empire, le plus vaste, le plus disséminé qui fut jamais!

De nos jours, au centre de l'Europe, un petit État admirablement civilisé, la Confédération helvétique, nous offre en réduction ce que pourrait être un jour en grand la Confédération européenne.

La Suisse met en pratique une maxime de saint Étienne, premier roi de Hongrie, que nous aurions pu placer comme épigraphe en tête de ce livre : *Unius linguæ, uniusque moris regnum imbecille et fragile est.*

Toutefois, il ne saurait s'agir d'un gouvernement fédéral suprême exerçant une action non seulement sur les États qui s'associent, mais sur les citoyens de chacun d'eux. On arriverait simplement à un système d'États confédérés, conservant le principe de leur souveraineté, le droit de se gouverner par des lois particulières, en s'obligeant uniquement à faire exécuter, dans l'intérieur de leurs limites propres, les résolutions générales délibérées et adoptées en commun. Nous avons tenu à noter cette distinction, que nous réitérerons à propos d'une Confédération orientale.

Le plus grand mérite d'une Confédération paneuropéenne serait, à l'imitation de ce qui est en Suisse, de comprendre les éléments ethniques les plus divers et de supprimer ainsi toutes les causes de conflit, en permettant, par des procédés pacifiques, d'indispensables modifications de frontières; car les projets de confédération ne visant que les intérêts d'une seule race constituent un danger et non une sécurité. Cela est vrai pour le pangermanisme, plus vrai encore pour le panslavisme qui placerait la Russie à la tête d'un groupement d'États englobant tout l'est de l'Europe.

Nous nous sommes contenté d'ébaucher ce rêve d'une Confédération européenne. Pour le moment, nous serions heureux de voir se réaliser le projet plus modeste d'une Confédération orientale.

La plupart des écrivains qui ont émis l'idée d'une Confédération orientale, l'ont fait avec l'arrière-pensée, sinon avec l'opinion nettement exprimée, qu'une telle union offre dans le présent les plus grandes difficultés de réalisation (1).

Au premier abord, il semblerait qu'un pacte fédéral entre les peuples de l'Orient européen soit irréalisable, les rivalités de

(1) Dans un article paru en janvier 1892 dans la *Revue d'histoire diplomatique*, sous le titre *la Confédération balkanique*, M. Ed. Engelhardt, après avoir résumé l'historique des rivalités entre les peuples d'Orient et montré que les transformations accomplies après la guerre de 1877-78 n'ont fait qu'aggraver ces divisions, se borne à reconnaître que « l'esprit d'accommodement et de conciliation dans le domaine des intérêts politiques suppose un degré de civilisation et de stabilité auquel *tous* les facteurs de l'Union balkanique ne sont pas encore parvenus ».

race sur lesquelles nous venons d'insister paraissant creuser entre eux un abîme que rien ne comblerait. Et pourtant, combien de gens sensés, parmi les intéressés eux-mêmes, lassés de tous les maux qu'entraînent ces querelles de races, ces luttes armées, ces révolutions et ces contre-révolutions, essayent de déterminer un courant nouveau! Est-ce donc impossible?

Mais, en Macédoine même, les races avaient vécu en bonne harmonie jusqu'au milieu du siècle dernier, et la cause de leurs mésintelligences à été moins le réveil de la conscience nationale que l'intransigeance du patriarcat grec. Sans son attitude partiale, le développement de chaque race dans sa propre langue se fût opéré parallèlement et eût été considéré par les autres comme un phénomène tout naturel. Puis, ces querelles ont été attisées par ceux qui ont intérêt à diviser pour régner; il serait difficile de déterminer qui, de la Russie ou de l'Autriche, y a eu la plus grande part.

D'ailleurs, il faut bien envisager la question à un autre point de vue un peu terre à terre. Il y a *actuellement*, en *Turquie*, un prolétariat intellectuel chrétien qui ne peut se caser nulle part. Les jeunes gens sortis des écoles aspirent aux carrières administratives, qui sont réservées presque exlusivement à l'élément musulman. Les causes avouées des derniers soulèvements ont existé de tout temps; mais ces insurrections sont surtout l'œuvre de ceux qui, avec des capacités et une instruction supérieure, rêvent de se faire une place au soleil. Ils trouveraient immédiatement à utiliser leur autorité et leurs talents, dans un État libéré du joug ottoman; et par le fait qu'ils seraient pourvus, ils deviendraient les plus sûrs gardiens du nouvel ordre de choses.

Les peuples, comme les individus, finissent par se lasser des interminables querelles. Les plus beaux courages s'usent dans ces luttes énervantes où l'on risque à chaque moment d'en venir aux mains, souvent pour un mince intérêt. Alors, se reprenant, on se demande si le troisième larron n'est pas là, prêt à profiter de la dispute.

Des peuples chrétiens qui ont tant d'intérêts communs, que leur enchevêtrement même oblige à des rapports journaliers, ne peuvent s'absorber indéfiniment dans la pensée de se nuire et de s'anéantir. A l'heure actuelle, les éléments turbulents, chauvins, ont encore le dessus; cela est dû aux circonstances, mais non à une inexorable fatalité, et, la cause cessant, une réaction ne saurait tarder à se produire.

Mais la cause pourrait-elle cesser brusquement? Autrement dit, la fin du régime turc, laissant aux prises les compétiteurs bulgares, serbes, albanais, roumains et grecs, et les pires compétiteurs russes et autrichiens, n'augmenterait-elle pas l'anarchie? Si, sans doute, à défaut de l'instrument modérateur que nous préconisons.

C'est précisement la perspective de cette période troublée, dont on ne saurait prévoir la durée, qui a créé le dogme de « la Turquie, moindre mal ». Aussi la plupart des écrivains qui ont envisagé une solution du problème oriental commencent par proclamer la nécessité du maintien de l'Empire ottoman comme condition de toute paix balkanique. Ils souhaitent ensuite platoniquement l'impossible égalité des droits de toutes les races et les non moins chimériques réformes sérieuses permettant à tous les éléments ethniques de se développer.

Et ce ne sont certes pas les premiers venus qui font entendre cette note sceptique ou découragée.

Déjà, en 1860, Saint-Marc-Girardin voulait que l'on plaçât la Turquie sous une sorte de tutelle; que l'on y envoyât des corps d'occupation et de nombreux fonctionnaires européens, sans envisager la possibilité de se passer de la Turquie (1).

En 1894, l'éminent homme d'État grec Tricoupis avait entrepris un voyage dans les pays des Balkans et l'on crut qu'il songeait à préparer la formation d'une ligue balkanique. Mais il déclara par la suite qu'il se bornait à souhaiter des réformes intérieures dans l'Empire ottoman et, pour les peuples chrétiens, une ère de réconciliation et d'entente sur les questions d'organisation ecclésiastique et scolaire.

Dans un article que publiait, en 1903, la *Monthly Review* de Londres, M. Take Ionesco, ancien ministre roumain, traitant la question des Balkans, déclare qu'une Confédération balkanique serait pour le moment impossible à réaliser à cause de la trop forte

(1) *Mise en tutelle de la Turquie par l'Europe*, in *Revue des Deux Mondes* du 1er novembre 1860. Cette idée a été reprise par le comte Benedetti : *la Question d'Orient*, in *Revue des Deux Mondes* du 1er janvier 1897.

opposition des intérêts en présence. Il s'empresse d'ailleurs d'ajouter que « la fédération ou quelque chose de ce genre serait l'idéal ».

M. Take Ionesco a fort bien plaidé cette cause dont la réalisation pourtant lui semble lointaine : « Certes, elle seule (la confédé-
« ration) pourrait donner à ces États, cha-
« cun trop faible isolé, assez de force pour
« pouvoir exister par eux-mêmes et ne
« plus être les satellites acceptés avec
« plus ou moins de bonne grâce par telle
« ou telle grande puissance. Malgré les
« différences de race, de caractère, de
« langue et de mœurs, il y a dans la com-
« munauté du passé et dans l'intérêt com-
« mun un puissant ciment pour une fédé-
« ration future. Probablement, un jour elle
« se fera. »

Dans une préface magistrale au livre de M. René Henry, intitulé : *Questions d'Autriche-Hongrie et question d'Orient*, M. Anatole Leroy-Beaulieu s'exprime ainsi au sujet de la situation balkanique : « La meilleure solution, la seule rationnelle et définitive, serait celle que réclament les peuples de la Péninsule : le Balkan aux peuples balkaniques. Mais cette solution, la seule conforme au droit moderne, la seule qui puisse pacifier l'Orient, bien des choses, hélas ! peuvent la retarder longtemps encore. Elle n'a pas seulement contre elle les résistances de la Turquie, les défiances, les jalousies, les combinaisons égoïstes des puissances ou la crainte de porter un coup irréparable à ce qui reste de l'Empire ottoman ; elle a contre elle les rivalités et les haines nationales des peuples mêmes qui l'appellent de leurs vœux. D'accord sur la formule d'émancipation, les États et les peuples de la Péninsule ne le sont pas sur la façon de l'appliquer... Une seule chose pourrait leur apporter la force et leur garantir une

« pleine indépendance, la fédération balka-
« nique... »

Il est un fait international qui mérite de retenir l'attention : le principe de l'autonomie basée sur les conditions ethniques des peuples balkaniques a été énoncé — pour la première fois, croyons-nous, au sein d'un parlement européen — quand, dans son discours du mois de mai dernier sur la politique extérieure de l'Italie, M. Tittoni, ministre des affaires étrangères du roi Victor-Emmanuel, déclara, ce qui est très favorable à notre thèse, que ce principe devrait prévaloir, au cas où le *statu quo* ne pourrait plus être conservé dans la Péninsule.

Est-il besoin de répéter que ce *statu quo* n'ayant aucune chance de produire dans l'avenir des conséquences utiles à la paix et à la prospérité des intéressés, le meilleur moyen de parer aux difficultés, ou du moins de les atténuer, serait de poser franchement et immédiatement les premières bases d'une confédération générale des peuples chrétiens d'Orient?

Que ceux qui, destinés à y entrer, jouissent de leur pleine indépendance, s'y préparent donc! Les autres auraient la perspective de trouver bientôt, avec les bienfaits de la liberté, la sécurité du lendemain. Que les deux grandes puissances qui poursuivent un rêve égoïste renoncent à cet effort stérile!

Ce serait là suivre le précieux exemple donné par l'Angleterre et la France, qui ont conclu une convention d'arbitrage sur la base de leurs intérêts réciproques. Si cette sincère volonté de s'entendre ne s'affirme pas, ce ne sont pas les « notes identiques » relatives aux réformes, présentées par les ambassadeurs d'Autriche-Hongrie et de Russie, qui sauraient éventuellement empêcher ni les mésintelligences, ni les conflits sanglants.

Tout à l'heure, nous avons demandé à la

Suisse moins un programme qu'une simple indication. La République helvétique est, en effet, une fédération trop étroite, trop centralisée, pour que nous la proposions comme un modèle sans retouches. Si nous l'avons mentionnée en première ligne, c'était pour démontrer qu'un accord peut exister, malgré la diversité la plus absolue des races, des cultes et des langues. Ce cas se présenterait pour la Macédoine au même degré que pour la Suisse, sans qu'il soit plus impossible, sinon plus difficile, en Macédoine qu'en Suisse, de faire vivre en bonne intelligence, sous un même drapeau fédéral, des groupements d'individus de race et de religion différentes.

Mais il n'y aurait pas que la Suisse à citer. L'Allemagne et l'Autriche-Hongrie ne sont-elles pas, à tout prendre, des confédérations, — très centralisées, il est vrai, — dont la seconde réalise une véritable mosaïque de races, de langues et de religions?

L'union de plusieurs États en vertu d'un pacte constitue un fait très ancien et très fréquent dans l'histoire, — ainsi encore la Suède et la Norvège.

Il est évident que ce que nous préconisons pour l'Orient européen n'est pas ce gouvernement strictement fédéral que nous définissions plus haut pour dire qu'il ne conviendrait pas aux États-Unis d'Europe de l'avenir, mais une simple association, — répétons-nous : un système d'États confédérés, gardant intact le principe de leur souveraineté, ainsi que le droit de se gouverner par des lois particulières, et s'obligeant seulement à faire exécuter dans l'intérieur de leurs limites propres les résolutions générales délibérées et adoptées en commun.

S'il en était autrement, nous ne saurions proposer une telle organisation à des États souverains comme la Grèce, la Bulgarie, la Serbie, le Montenegro, et, on le verra tout à l'heure, la Roumanie. Aucun ne renoncerait, par exemple, à entretenir des relations diplomatiques avec les autres nations; aucun ne consentirait à une *diminutio capitis.*

Mais en a-t-il jamais été question?

Pour bien faire comprendre la signification d'une confédération telle que nous l'entendons, nous ne saurions trouver dans le passé, à défaut du présent, un meilleur exemple que celui de la Confédération germanique, créée en 1815, et qui, avant 1866, comprenait comme adhérents, en dehors des princes et des villes libres de l'Allemagne, l'empereur d'Autriche, le roi de Prusse, le roi de Danemark pour le Holstein et le Luxembourg, et le roi des Pays-Bas pour le grand-duché de Luxembourg. L'empereur d'Autriche en était le protecteur.

Les intérêts de la Confédération étaient réglés par une Diète siégeant à Francfort, à laquelle assistaient les plénipotentiaires des États. Il y avait des assemblées ordinaires et des assemblées générales; dans ces dernières, où la majorité valable devait comprendre les deux tiers des votes, se discutaient les questions relatives aux lois organiques servant de base à la constitution; on s'y occupait en outre des affaires religieuses et de l'admission de nouveaux États.

Les différents adhérents s'obligeaient à défendre l'Allemagne et se garantissaient mutuellement toutes leurs possessions. Ils conservaient leur indépendance respective et leur représentation diplomatique, avec toute latitude de conclure des traités et même des alliances, à la seule condition de ne pas contracter d'engagements internationaux susceptibles de porter atteinte à la sécurité de la Confédération.

Ce n'est encore qu'une indication, et nous nous garderions bien d'apporter ici un plan préconçu; mais, pour serrer de plus près la question, nous dirons qu'une Confédération orientale durable devra reposer sur les bases les plus larges possibles et, en réalité, constituer plutôt une alliance étroite.

A vrai dire, depuis un siècle, le système fédéral perd de son importance dans certains groupements d'États qui ont une tendance à resserrer des liens d'abord lâches, pour aboutir à la centralisation, à l'unification plus ou moins parfaite. Ainsi la Fédération américaine est devenue l'Union de 1787 ; celle de Suisse, l'État composé de 1848 ; celle d'Allemagne, l'Union germanique de 1866, puis l'Empire de 1871. Les coutumes et intérêts particuliers des peuples sont progressivement subordonnés au prestige du pouvoir central qui, en vue des luttes internationales politiques et économiques, tend à centraliser toutes les forces pour donner à son action plus de rapidité et de poids. La Confédération proprement dite est remplacée par l'État confédéré où la politique étrangère appartient à l'État général, tandis que l'administration intérieure est laissée à l'État particulier.

C'est pourquoi l'autorité de l'Empire allemand s'augmente avec chaque loi nouvelle qu'il édicte sur des matières considérées auparavant comme rentrant dans la compétence des États particuliers.

En Allemagne cependant, comme d'ailleurs dans les États-Unis de l'Amérique du Nord et surtout du Brésil, nous avons affaire à des groupements de même race, surtout de même langue, — ce qui ne serait certes pas le cas pour les peuples entrant dans notre Confédération orientale.

Pour nous résumer, nous avons personnellement la conviction que, dans un avenir assez rapproché, non seulement les États balkaniques tout d'abord, mais encore plus tard ceux qui composent l'Empire des Habsbourg — où sont rassemblées et enchevêtrées les races les plus disparates, qui toutes ont la ferme intention de se sauvegarder et de développer leur nationalité propre — devront forcément adhérer au principe de la confédération d'États dans l'ancienne et large acception du mot. Il s'agira d'éviter le courant centralisateur et de le tempérer par le respect du principe des nationalités. Il conviendra également de prendre toutes les mesures nécessaires pour qu'on ne puisse faire à ces confédérations le reproche d'apporter de la lenteur et du manque d'unité dans leur fonctionnement organique.

CHAPITRE XII

LE ROLE DE L'ITALIE

Ayant examiné la question de la Confédération orientale en elle-même, nous allons exposer les raisons qui nous paraissent militer en faveur de l'idée que nous considérons comme essentielle, consistant à confier à l'Italie, en même temps que le soin de veiller à l'organisation des contrées affranchies du joug ottoman, la présidence et la protection de toute la Confédération orientale.

Les trois nations balkaniques indépendantes, Bulgarie, Serbie et Montenegro, ainsi que la Grèce et la Roumanie, ne voudraient jamais se soumettre à la présidence de l'une d'elles, pas plus sans doute que cette présidence ne serait reconnue sans conteste par certains des éléments des nouvelles provinces que nous découpons dans le domaine européen de la Turquie. A qui confier, dès lors, l'autorité nécessaire pour grouper les États indépendants, pour diriger les premiers pas des provinces affranchies et pour parler en leur nom collectif dans les complications européennes possibles?

Et, le jour où les Turcs abandonneront l'Europe, — fait qui se produira fatalement tôt ou tard, — qui asseoir à Constantinople, où il conviendrait le mieux d'établir alors la capitale de la Confédération, c'est-à-dire le siège de la Diète fédérale, comme autrefois Francfort pour la Confédération germanique?

Parmi les grandes puissances, l'Angleterre et la France sont bien éloignées, outre que la forme républicaine de la seconde pourrait constituer un empêchement aux yeux des vieilles monarchies. L'une et l'autre ont d'ailleurs, pour satisfaire leur ambition, d'immenses domaines coloniaux à exploiter, et elles devraient, semble-t-il, se contenter de sauvegarder en Orient leurs grands intérêts commerciaux et financiers.

Nations essentiellement libres et prospères, elles pourraient concourir à la noble mission d'assurer aux peuples orientaux une existence heureuse et indépendante, en accordant aux États de la jeune Confédération, surtout aux provinces nouvellement créées, l'appui financier nécessaire pour leur consolidation économique.

Elles pourraient aussi s'intéresser à la liquidation turque, en Macédoine et en Albanie; car si les intérêts des détenteurs de la dette ottomane et des entrepreneurs de travaux publics en cours ou non soldés doivent avant tout être sauvegardés, il serait équitable d'offrir au sultan et aux dignitaires ottomans des indemnités pour leurs palais et leurs propriétés, sans regarder à l'origine première de ces fortunes, qui est évidemment la spoliation. Il y a, d'ailleurs, des règles établies pour la transmission des droits régaliens.

La Russie serait trop redoutable, si elle arrivait à réaliser le rêve de tous les panslavistes, c'est-à-dire une grande Confédération slave placée sous son protectorat, et à plus forte raison une Confédération lui subordonnant des éléments de races différentes.

Le propre du vrai panslaviste consiste à réduire la question d'Orient à une question purement slave, et à voir dans le tsar de toutes les Russies le successeur du grand Constantin, le néo-empereur chrétien d'Orient appelé à abattre les minarets de Sainte-Sophie.

Or il n'est pas douteux — le mot d'Alexandre III sur le prince de Montenegro, son « seul ami », est là pour le prouver — que ce point de vue ne conviendrait nullement même aux deux principaux peuples slaves de la Péninsule, qui veulent bien, jusqu'à nouvel ordre, bénéficier de l'appui des Russes, mais qui ne consentiraient jamais à les avoir pour maîtres.

On a vu comment le tsarisme s'est comporté en Bulgarie, lors des débuts de la principauté. Au surplus, l'exemple de la Pologne, de la Finlande, des provinces baltiques et de la Bessarabie n'est vraiment pas encourageant, et il ne serait pas rationnel, quand il n'existe plus en Europe que deux monarchies absolues, la Turquie et la Russie, de briser l'une pour confier à l'autre la tâche d'assurer le développement, selon les principes constitutionnels qu'elle réprouve, des éléments libérés.

D'ailleurs, le grand Empire du nord s'est taillé assez de besogne en Extrême-Orient. S'il est victorieux du Japon, il mettra longtemps à réparer ses forces épuisées par la lutte; s'il est vaincu, il lui manquera le prestige et l'autorité morale nécessaires pour reprendre avec des chances de succès ses desseins ambitieux dans l'Orient européen.

L'Autriche-Hongrie serait, à première vue, moins menaçante pour toutes les races balkaniques en général, car, à l'encontre de l'Empire moscovite, elle ne s'appliquerait pas à absorber et à nationaliser de nouveaux peuples. Elle a aussi pour elle son administration très habile, peut-être sans égale en Europe.

Mais en admettant que la monarchie des Habsbourg, qui passera bientôt par une crise redoutable, ne vienne pas à se morceler par elle-même, elle constitue un assemblage de races trop disparates, elle manque trop de cohésion pour servir en quelque sorte de soudure à un nouveau groupement de peuples divers. Et puis sa propagande catholique dans les Balkans, sa situation particulière vis-à-vis de la papauté qui ne permet pas à l'Empereur de rendre, à Rome, les visites du roi d'Italie, sont propres à exciter les méfiances des chrétiens d'Orient, en immense majorité orthodoxes et très attachés à leur rite.

A l'égal de la Russie, l'Allemagne, déjà riveraine des mers du nord et que les pangermanistes rêvent de voir maîtresse absolue de l'Europe centrale, obtiendrait, par son établissement sur le Bosphore et les Dardanelles comme présidente de la nouvelle Confédération, une prépondérance qui paraîtrait intolérable aux autres grandes puissances européennes. Cette situation faciliterait à l'excès son extension en Asie Mineure, où elle s'est déjà assuré, par le chemin de fer de Bagdad et de Bassora, d'énormes avantages économiques.

Rien, au surplus, n'empêcherait l'Allemagne, dont l'activité s'est ouvert comme champ de pénétration la Syrie et l'Assyrie, c'est-à-dire d'immenses contrées vierges en partie d'une étonnante fertilité, de profiter encore des larges franchises commerciales que lui concéderait la nouvelle Confédération. Elle pourrait développer ses transactions dans l'Orient européen, et même y prétendre au premier rang économique, grâce à l'activité et à l'intelligence pratique de ses agents. Mais il serait impossible de la mettre à la tête des peuples confédérés, d'ailleurs trop éloignés de ses frontières. La Russie notamment se sentirait comme reléguée au rang de puissance asiatique, séparée du reste de l'Europe par un rideau germanique continu qui irait du nord au sud de l'Europe, et rien ne saurait lui faire accepter une pareille perspective.

D'élimination en élimination, il ne nous reste que l'Italie, qui occupe une situation exceptionnelle parmi les grandes puissances, se trouvant à la fois appartenir à la Triple Alliance et entretenir les relations les plus amicales avec l'Angleterre, et même, depuis quelque temps, avec la France, tout en ayant avec la Russie des rapports moins étroits sans doute, mais absolument corrects.

L'Italie semble à tous les égards comme la benjamine, la favorite de l'Europe. Puissance catholique, elle n'est aucunement imbue d'esprit de prosélytisme papiste ni de sectarisme antireligieux. La croix de Savoie qui figure au centre de son écusson est un emblème symbolique; propre à tous les rites chrétiens, elle remplacerait avantageusement, pour les peuples nouvellement libérés, le croissant qui orne l'étendard du prophète.

Ce royaume, simplement et essentiellement méditerranéen, pourrait actuellement étendre son action sur les peuples de la Confédération et même occuper éventuellement un jour Constantinople, sans exciter les trop justes appréhensions que provoquerait en pareil cas un des Empires précités. Il serait mieux en mesure de constituer, sans danger pour la nationalité des peuples balkaniques, le *lien* et l'*autorité* que nous considérons comme indispensables à la jeune Confédération future.

C'est surtout comme puissance maritime que l'Italie pourrait vraiment jouer son rôle de protectrice vis-à-vis de la Confédération orientale.

On sait combien les grands États et même les nations secondaires font d'efforts et de sacrifices pour augmenter leurs flottes de guerre, et l'on peut dire que de nos jours la puissance et la prospérité des peuples dépend plus encore de leurs forces navales que de leurs armées de terre.

Les États qui constitueraient la Confédération ont presque tous une grande étendue de côtes. Or, aucun d'eux n'a de flotte capable de les protéger. Seule la Grèce possède quelques petits navires de guerre. Cette force navale serait absolument insuffisante pour défendre les côtes de la Confédération et protéger son commerce maritime.

L'Empire ottoman, qui possède cependant une armée de terre encore redoutable, doit surtout sa faiblesse au manque absolu de navires de guerre modernes. Chaque fois qu'il s'est élevé un différend diplomatique entre la Turquie et quelque autre puissance, il a toujours suffi d'une démonstration navale, ou même d'une simple menace de démonstration, pour obliger la Porte à céder immédiatement sur tous les points.

L'Italie possède aujourd'hui une flotte de guerre de tout premier ordre, non seulement par le nombre, mais aussi et surtout par la puissance de ses unités navales. Cette flotte serait un sûr garant aux États confédérés que leur littoral et leurs navires de commerce seraient efficacement protégés.

L'Italie est, il faut le rappeler, la seule nation moderne dont le droit public soit fondé sur le principe des nationalités. A la Chambre des députés de Rome, au palais Montecitorio, sont inscrits en grandes lettres d'or les résultats des plébiscites qui ont constitué le royaume. Même les irrédentistes les plus fougueux n'ont jamais porté leurs vues que sur des terres vraiment italiennes par la langue et les mœurs, en soumettant l'accomplissement de leurs vœux au libre consentement des habitants. L'Italie n'a pas et ne veut pas d'opprimés. Voilà déjà des garanties morales.

Un fait nous a frappé. Chaque fois que, parmi les grandes puissances intéressées à surveiller les événements d'Orient, il s'est produit une action commune et qu'il s'est agi d'attribuer à l'une d'elles le commandement ou la présidence, on a évité de confier ce rôle à la Russie ou à l'Autriche, et l'on a au contraire souvent pensé à l'Italie.

C'est ainsi que, pendant la guerre gréco-turque, lorsque les amiraux commandant les escadres européennes réunies à l'île de Crète durent nommer l'un d'eux pour les présider, c'est tour à tour l'amiral français et l'amiral italien qui furent choisis.

De même, quand on créa une gendarmerie internationale recrutée parmi les grandes puissances, pour maintenir l'ordre en Macédoine, c'est encore un Italien, le général de Georgis, qui fut nommé commandant en chef.

Voyons ce qui prépare historiquement le royaume transalpin au rôle modérateur que nous lui assignons.

Nous évoquerons le droit historique avec l'extrême prudence qui nous a déjà guidé à propos des peuples des Balkans. Mais, sans insister sur le temps où l'Empire romain englobait non seulement tous les pays subdanubiens, mais encore, au nord de l'Ister, la Roumanie qui entre dans notre système, jamais l'influence de l'Italie ne cessa d'être prépondérante dans ces contrées, avant et après la conquête ottomane.

Il est bien évident que, depuis les jours où l'empereur Trajan, avec une merveilleuse prévoyance politique, confiait, dès le deuxième siècle de l'ère chrétienne, aux colons de la Dacie, la garde des aigles romaines sur ce front de bandière de l'Empire, le courant latin s'est maintenu au pied des Karpathes, puisqu'il a donné naissance à l'État roumain, dont la langue, dérivée du *sermo rusticus*, est si peu pénétrée d'éléments étrangers. Mais un phénomène de même nature s'est encore produit dans les Balkans et dans le Pinde.

Laissons les nombreuses découvertes épigraphiques qui permettraient encore de douter de sa continuité : elle est affirmée par la conservation, dans ces deux régions, de cet élément ethnique à idiome latin qui, sans pouvoir s'agglomérer en formations compactes au point d'y dominer sans conteste, y a toujours maintenu le souvenir de

Rome et a en quelque sorte empêché les titres de la métropole de se prescrire dans la Péninsule.

Mais, en dehors de cet élément néo-latin « fier encore de se nommer romain », comme disait Pouqueville, de ce million de Roumains du sud disséminés en Macédoine, en Épire et en Thessalie, une partie, peut-être considérable, des populations de la Serbie et de la Bulgarie est composée de Latins plus ou moins slavisés, — ils se reconnaissent du moins à leur type, si différent du type slave. Cela explique avec quelle facilité l'empereur Joanice a pu réunir sous son sceptre les Roumains du sud et les Bulgares, pour en former cet Etat unifié auquel un pape, sans distinguer entre les deux éléments, donnait en quelque sorte des lettres d'indigénat. Mais nous ne voulons pas trop insister sur cette thèse, bien que de nombreuses autorités lui prêtent leur appui.

Venise et Gênes recueillirent l'héritage de Rome dans la Méditerranée; elles créèrent les Échelles du Levant et poussèrent leurs comptoirs sur les deux rives du bas Danube. L'Albanie et l'Épire, vu leur proximité, entretinrent, pendant le moyen âge, les relations les plus étroites avec les républiques italiennes, qui furent la source de leur prospérité (1). Cette influence, basée sur les échanges, domina encore dans la Serbie orientale, en Croatie et en Bosnie.

On peut dire que l'ensemble du commerce de l'Orient était entre les mains de Venise, de Gênes, de Pise, de Raguse, qui jouissaient de privilèges exceptionnels. La Valachie et la Moldavie elles-mêmes conservaient un contact direct avec l'antique Métropole. La relation de Del Chiaro, agent diplomatique de la République Séré-

(1) L'Italie, au point le plus resserré du canal d'Otrante, n'est séparée que par 75 kilomètres de l'Épire.

nissime, est instructive à cet égard; il semblait se trouver chez lui à la cour des vieux Bassaraba, l'ancienne dynastie des pays roumains.

Les États italiens entretinrent toujours avec les princes chrétiens d'Orient des relations qui ne cessèrent pas, lorsque, le temps des croisades passé, les autres nations de l'Europe, absorbées par leurs bouleversements intérieurs, eurent renoncé à s'opposer aux envahissements des Turcs. Or, la papauté d'une part et de l'autre Venise, où se concentraient tous les fils de la politique orientale, s'efforcèrent, à diverses reprises, de former entre ces princes une ligue capable d'arrêter le flot des invasions musulmanes. Malgré quelques ententes partielles et passagères, ces efforts n'arrivèrent pas à faire taire les rivalités entre Hongrois, Polonais, Valaques, Moldaves et Serbes, et c'est grâce au manque d'unité et de cohésion dans leur défense que la puissance ottomane réussit à s'établir dans toute la péninsule balkanique, après les avoir individuellement écrasés sous le poids de ses hordes asiatiques.

La chute de la Hongrie coïncide avec la décadence de la Pologne et l'affaiblissement des principautés valaque et moldave, et cependant l'idée d'une confédération, seul espoir de salut commun, semblait indiquée et revenait souvent à l'esprit des princes chrétiens aux quatorzième et quinzième siècles. Il y eut même, à un moment donné, une véritable coalition d'armées chrétiennes, serbe, bulgare, albanaise et roumaine, aidées d'un détachement hongrois; malheureusement, cette tentative de résistance échoua : les chrétiens furent écrasés par les janissaires à la grande bataille de Kossovo-polje (champs des merles), le 15 juin 1389, jour resté comme néfaste dans la mémoire des peuples balkaniques.

La terminologie roumaine a gardé, pour

les soieries, pour les étoffes de luxe dont se parait la boyarie, les désignations italiennes à peine déformées. Et non seulement dans les deux principautés, dont la vassalité était quasi nominale, mais dans tous les pays soumis directement à la Turquie, il fallut beaucoup de temps pour que les hautes classes adoptassent les amples vêtements de coupe asiatique.

Auparavant, les modes étaient purement italiennes; les portraits votifs des anciennes églises nous en conservent la preuve. Quant au peuple, surtout à la classe rurale, en Roumanie, en Bulgarie, en Serbie, dans tout l'Orient, son costume n'a pas changé depuis les jours des colons italiques qui avaient substitué leur blanche tunique de toile ou de laine au sayon de peau des barbares.

Ne parlons pas des mœurs et des superstitions; cela nous entraînerait trop loin. Un article de la revue folklorique *Mélusine* établissait que, pour les Slaves du sud, les unes et les autres se rapprochent plutôt de celles des pays latins que de celles de la Russie, — tels les présages, les sortilèges, le denier de Caron, les trois Parques, les lamentations funéraires, les libations de vin et d'huile sur les tombes, etc.

Les traces des colonies italiennes du moyen âge et de la Renaissance se retrouvent dans tout l'Orient. Pendant des siècles, Venise posséda la Dalmatie; son quai des Esclavons en perpétue le souvenir. Elle occupa aussi Chypre, la Crète, la Morée, les îles Ioniennes.

On peut dire que, jusqu'au commencement du dix-neuvième siècle, Venise fut, par la splendeur de sa culture et par ses richesses, un foyer de lumière pour les peuples balkaniques.

Après la conquête de Constantinople par les Latins, l'empire byzantin fut occupé par les Vénitiens et les Français. Le doge de Venise Dandolo s'intitulait « seigneur sur un quart et demi de l'Empire grec ». Venise eut, comme Gênes, son quartier fortifié à Constantinople. Cette dernière république maritime monopolisa même le commerce dans la mer Noire, où elle s'établit en Crimée.

Au commencement du siècle dernier, lorsque les tsars eurent arraché à la puissance ottomane les territoires actuels de la Russie méridionale, ces contrées virent encore l'immigration de nombreux éléments italiens. Jusqu'en 1870, les noms des rues étaient indiqués, à Odessa, en deux langues, le russe et l'italien.

Partout de vieilles pierres noircies racontent ce passé. Et que de protectorats italiens sur les côtes de l'Albanie et de l'Épire!

Si nous recherchions tous ces points de contact, nous n'en finirions pas. Le roi de Naples Charles II exerça sa domination sur une partie des contrées voisines de l'Adriatique, où il acquit les sympathies de la population indigène. En 1317, il soumit même le Péloponèse et s'intitula « souverain d'Achaïe, d'Athènes, d'Albanie et de Vlaquie ».

« Aucune race, — dit M. Ch. Loiseau(1), « — jusqu'à la fin du seizième siècle, n'a « essaimé avec plus de constance et de « succès que l'italienne dans le bassin mé- « diterranéen et dans son annexe l'Adria- « tique. On retrouve aujourd'hui encore « à Malte, dans les anciens États barba- « resques, dans le Levant, à Candie, en « Égypte, sur tout le pourtour de la pénin- « sule balkanique, non seulement sa langue « et des vestiges de son action civilisatrice, « mais une sorte d'empreinte spécifique- « ment italienne. »

A Trieste, à Fiume, à Zara, à Spalato, l'activité commerciale est surtout concen-

(1) Voir *l'Équilibre adriatique*, p. 20.

trée entre les mains des négociants et armateurs italiens.

Il existe en Italie, et notamment dans le midi de la Péninsule et en Sicile, une colonie albano-italienne qui n'a point perdu conscience de son origine et a organisé même certains comités dont les principaux sont la *Societa nazionale albanese* de Rome et le *Comitato nazionale albanese* de Lungro (Calabres), ainsi que le collège ecclésiastique de *San-Adriano*, près de Naples.

En Albanie, où les traces de la civilisation italienne se retrouvent partout, un dialecte italien servit seul pendant bien longtemps à introduire l'enseignement religieux et certains éléments de culture.

Nous en avons assez dit pour prouver que la tradition n'a jamais été interrompue. D'ailleurs, l'italien a toujours été et est resté l'idiome méditerranéen par excellence. Son domaine comprend toutes les côtes orientales de l'Adriatique, la mer

Ionienne et la mer Égée; c'est la langue courante de toutes les Échelles du Levant, d'un usage très répandu à Constantinople et général à Salonique, où la colonie italienne est la plus nombreuse de toutes.

Déjà compris par toutes les populations levantines, ce noble idiome deviendrait bien vite aussi familier aux pasteurs du Pinde qu'il l'est aux marins de l'Archipel. Il ne ferait que regagner ce qu'il a perdu, même dans les pays slaves du sud; en effet, le latin populaire a été supplanté par le grec en Orient, comme le grec a été lui-même supplanté par le latin en Mœsie, en Illyrie, en Sicile et dans la Grande Grèce.

Il existe d'ailleurs, dès à présent, d'excellentes écoles italiennes en Turquie, à Scutari d'Albanie, à Salonique, à Elbassa, à Vallona, à Janina, etc. L'Autriche elle-même, — nous l'avons déjà noté, — impuissante à implanter l'allemand, a dû se résigner, sur le terrain même qu'elle dispute à l'influence latine, à recourir à la langue italienne pour les établissements qu'elle entretient, et notamment dans les écoles catholiques d'Albanie dirigées par les jésuites. Un fait non moins remarquable : le Lloyd autrichien a été obligé d'adopter l'italien pour ses services maritimes des Échelles du Levant et même du bas Danube.

Entendons-nous bien : de ce que l'Empire romain a autrefois étendu sa domination effective sur toute la péninsule balkanique, notre désir secret n'est nullement de voir l'Italie moderne reprendre à l'avenir ce grand rôle. Il ne s'agit pas de refaire de la Méditerranée un lac latin.

Ce que nous souhaitons, c'est que l'illustre maison de Savoie, relevant le titre impérial, auquel nulle autre n'a autant de droits, assume l'honneur et la charge de présider la Confédération orientale. Il va sans dire que le chef de la maison de Savoie ne prendrait pas le titre d'empereur d'Orient, mais d'empereur italien, cela pour ménager les susceptibilités les plus ombrageuses. La condition, d'ailleurs, n'est nullement indispensable pour présider la Confédération orientale; mais l'Italie est aujourd'hui la seule des grandes puissances monarchiques dont le chef ne porte pas le titre impérial.

L'empereur italien jouerait, vis-à-vis de ladite Confédération, le rôle qui incombait jadis à l'empereur d'Autriche vis-à-vis de la Confédération germanique dont il était le président et le protecteur.

Une telle solution ne saurait être déterminée par les qualités personnelles d'un souverain. Pourtant, il y aurait à considérer que la période de début serait de beaucoup la plus difficile; à cet égard, le sentiment du devoir et de l'équité et la droiture éprouvée qui caractérisent le roi Victor-Emmanuel constitueraient de sûrs garants que la balance serait maintenue égale entre les peuples balkaniques.

Le roi Victor-Emmanuel III — fait qui a son importance — a voyagé dans la péninsule des Balkans et en connait très bien la situation politique.

Si les Slaves pouvaient craindre *a priori*, de la part du protecteur de la Confédération, quelque sympathie plus accusée pour les populations latines, la présence aux côtés du premier empereur italien d'une souveraine appartenant à l'un des rameaux les plus vivaces de la race slave du sud, et fille d'un membre de la Confédération qui jouit lui-même d'une si haute considération personnelle, serait de nature à calmer toute appréhension à cet égard.

L'Italie moderne a des finances désormais prospères et elle prend un grand essor économique. Sa puissance d'expansion est la plus forte que l'on connaisse, si l'on en juge par l'importance de son émigration par rapport au chiffre de sa population. Privé de colonies, le royaume possède un trop-plein de population qui lui permettrait de déverser, utilement pour lui, sur la péninsule balkanique, une partie de ces ouvriers sobres et travailleurs, de ces excellents artisans qui vont peupler actuellement, de l'autre côté de la planète, le Brésil et la République Argentine (1).

Ces colons italiens combleraient avantageusement, dans certaines des régions libérées, le vide laissé par la migration inévitable de nombreuses familles musulmanes. Ce phénomène est constant, en effet, partout où la croix remplace le croissant. On l'a constaté autrefois en Crimée et en Grèce, plus récemment en Bosnie et en Herzégovine, en Bulgarie, même en Roumanie, pour les Tartares musulmans de la Dobroudja. Les bienfaits de la meilleure administration

(1) De tout temps, l'émigration italienne eut une force d'expansion considérable qui dure toujours et qui, de même qu'à l'époque des Césars, agit dans tout le bassin de la Méditerranée.

possible n'y peuvent rien, tellement l'Islam est quelque chose de plus qu'une religion, une organisation sociale complète et aussi peu flexible que possible.

Quant aux populations musulmanes qui préféreraient rester en Albanie et en Macédoine, — et l'on ferait tout pour y conserver l'élément autochtone albanais, qui, n'ayant embrassé la foi du Prophète que pour des motifs d'intérêt, retournerait plus facilement au christianisme, — elles continueraient à jouir de tous leurs droits et propriétés comme par le passé, avec la plus entière liberté pour l'exercice de leur culte, à la seule condition de se soumettre, comme les populations chrétiennes, aux lois et règlements modernes qui seraient mis en application par les gouverneurs italiens des deux nouvelles provinces.

En un mot, notre vœu consiste uniquement à voir les autorités civiles et militaires ottomanes faire place, dans ces contrées, à des fonctionnaires chrétiens autochtones, sous la surveillance d'un personnel supérieur italien dont le rôle consisterait surtout à prévenir ou à aplanir les difficultés résultant des rivalités éventuelles de races dans les circonscriptions respectives des provinces affranchies.

Un des avantages de l'action italienne dans la Confédération serait de maintenir entre les petits États orientaux un équilibre que le traité de Berlin a certainement eu en vue d'établir, dans l'intérêt de la paix future, équilibre que l'une des nations balkaniques ne saurait rompre à son avantage, sans éveiller aussitôt chez les autres de légitimes susceptibilités. La guerre serbo-bulgare n'est-elle pas une preuve que cette question d'équilibre balkanique peut même primer la question de race?

Ayant suffisamment exposé les raisons qui nous font craindre que l'action parallèle austro-russe ne soit en définitive aussi impuissante que le classique « concert européen », répétons qu'il faut nécessairement aux régions émancipées du régime turc un contrôle unique, équitable, effectif. Sous la surveillance impartiale de l'Italie, à notre avis, et seulement sous celle-là, tous les peuples balkaniques pourraient se développer librement et régler à l'amiable tous les points litigieux qui, par la prolongation de la situation actuelle, que l'inévitable faillite des réformes viendrait encore compliquer, ne manqueraient pas d'ouvrir de nouveau la porte aux intrigues étrangères.

Dans un volume publié à Milan en 1903 et intitulé *la Missione dell' Italia*, M. J. Novicow souhaitait que l'Italie prît l'initiative d'une fédération européenne, avec un gouvernement fédéral siégeant à Rome, et qu'elle s'efforçât de réaliser l'idée, attribuée au comte Goluchowski, d'une fusion de la Double avec la Triple Alliance. « Une voix « qui s'élèverait de Rome, dit M. Novicow,

« aurait une importance exceptionnelle, un
« prestige extraordinaire par l'ampleur que
« lui donneraient vingt-cinq siècles de gloire
« et de grandeur. »

Certes, les partisans de la paix et d'un désarmement tout au moins partiel seraient heureux de la réalisation d'un si beau rêve. Nous sommes persuadés qu'un accueil sympathique ne saurait manquer d'être réservé à toute action émanant de la couronne italienne dans un but de pacification et de bonheur des peuples d'Orient.

CHAPITRE XIII

QUESTION D'ORGANISATION

Encore une fois, nous apportons une idée et non un plan minutieusement détaillé. Il ne peut entrer dans le cadre de ce travail de fixer, pour un projet aussi singulièrement compliqué et qui met en jeu les intérêts les plus divers, tous les points relatifs par exemple aux démarcations exactes des frontières dans les nouvelles provinces, au fonctionnement organique de la Confédération orientale, etc.

Les territoires turcs actuels, qui sont divisés, en Europe, depuis 1869, en un certain nombre de *vilayets* (1), seraient partagés

(1) Administrés par des valis ou gouverneurs généraux.

en trois zones : la première formerait l'Albanie, avec chef-lieu à Scutari ; la seconde comprendrait la Macédoine, avec chef-lieu à Salonique ; la troisième constituerait la Turquie d'Europe, avec Constantinople et Andrinople.

La province ou gouvernement d'Albanie englobcrait également l'Épire avec Janina. Nous aurions même voulu voir se constituer cette dernière région en province distincte, si nous n'avions tenu tout d'abord à simplifier les choses et si nous ne savions que l'élément latin, qui s'y trouve en majorité, entretient, en vertu des affinités de races, les meilleures relations avec les populations albanaises (1).

La Macédoine et l'Albanie auraient à leur tête des gouverneurs généraux italiens,

(1) En parcourant toute l'histoire des populations roumaines et albanaises dans ces contrées, on ne peut trouver entre elles aucun antagonisme, aucun conflit de quelque importance.

car Rome ne saurait se contenter d'une autorité purement nominale. D'ailleurs, choisis parmi les citoyens d'autres États, même neutres, ils offriraient peut-être moins de garanties d'impartialité, l'Italie ayant tout intérêt, dans l'espèce, à ne favoriser aucun des peuples au détriment des autres.

Le régime cantonal, avec communes bilingues et trilingues, comme en Suisse, serait tout indiqué jusqu'à nouvel ordre, en attendant que, dans telle ou telle région, par affinités, par migrations, par mariages mixtes ou accroissement de natalité, l'une des nationalités arrivât peut-être à absorber les autres et à leur imprimer pacifiquement son caractère ethnique et sa langue. Pour le moment, l'italien serait uniformément employé comme langue officielle à la place du turc. La langue italienne est admirablement claire et possède une orthographe débarrassée d'inutiles complications étymologiques. En ce qui concerne les rapports entre États confédérés, à titre de facilité, le français pourrait être préféré.

La réforme de l'impôt s'y imposerait tout d'abord. La capitation et les dîmes disparaîtraient le plus tôt possible, pour être remplacées par des contributions directes et indirectes, avec monopole de l'État pour les tabacs, les sels, les poudres et les cartes à jouer. On s'inspirerait en un mot de l'outillage fiscal des nations les plus civilisées, de façon à asseoir des taxes soit en partie facultatives (impôt indirect), soit proportionnelles aux ressources de chacun (impôt direct).

Une caisse rurale devrait fonctionner pour faciliter l'accession à la propriété des classes rurales slaves tombées dans un servage de fait. Cette caisse achèterait de préférence les terres des musulmans qui désireraient se retirer dans les pays de l'Islam. Les biens des mosquées seraient sécularisés et deviendraient propriété des provinces, en échange de quoi un traitement équitable serait fait aux ministres de ce culte.

Provisoirement, les deux provinces n'auraient point de force armée proprement dite; aussi la taxe d'exonération du service militaire devrait-elle y être conservée, mais seulement pour les hommes de vingt à quarante-cinq ans. La gendarmerie, avec un haut commandement italien, serait recrutée par voie d'engagements volontaires, exclusivement chrétienne, sauf en Albanie où elle serait mixte.

Le plus grand nombre possible de fonctions — même judiciaires, sauf les garanties de capacité — seraient électives sans distinction de religion et de nationalité. La plus large liberté des cultes et de l'enseignement et la plus large autonomie communale seraient reconnues.

Une diète ou assemblée des États confédérés serait créée avec la mission de régler les différends qui pourraient surgir entre ces

États et aussi de diriger, en ce qui concerne les intérêts généraux de la Confédération, la politique extérieure vis-à-vis des puissances étrangères. Cette diète se réunirait pour la première fois à Rome et fixerait par la suite, elle-même, son siège, qui pourrait être Rome ou Salonique.

A ceux qui nous objecteraient que l'on ne peut concevoir une Confédération orientale sans la ville de Constantinople qui s'impose comme capitale, nous répondrons que les divers peuples de la péninsule italique ont bien su autrefois se réunir et se reconstituer en royaume, sous le sceptre de Victor-Emmanuel II, en établissant pour commencer leur capitale à Florence. Ce n'est que plus tard que la possession de Rome est venue couronner l'œuvre de l'unité italienne.

En ce qui concerne l'organisation militaire des États confédérés, rien ne serait changé à la situation actuelle. Chacun conserverait son armée individuelle, comme les armées allemande, austro-hongroise et italienne dans la Triple Alliance.

Les puissances européennes seraient évidemment représentées par des délégués auprès de la diète fédérale, tout en conservant leurs légations auprès des souverains confédérés. Leurs intérêts de toute nature sont trop importants, dans ce coin du monde, pour qu'aucun d'eux néglige d'en assurer la défense par tous les moyens en son pouvoir, même si, au début, quelques-uns devaient être plus ou moins ouvertement hostiles à la constitution de la Confédération orientale.

Afin de préparer un commencement d'exécution pratique, à côté de l'œuvre indispensable de la grande diplomatie européenne, devrait s'organiser, entre les nations d'Orient, un échange de vues préalables, un accord préliminaire à la suite duquel on s'assurerait si le roi d'Italie consentirait à assumer le rôle difficile, mais grandiose, de protecteur de la nouvelle Confédération.

Les bases de ce groupement pourraient alors être discutées, à Rome, par les cinq délégués des nations chrétiennes appelées à y entrer. Ceux-ci, avec l'assentiment des grandes puissances, — de toutes autant que possible, et au moins du plus grand nombre, — prieraient l'Italie de faire en quelque sorte, en Albanie et en Macédoine, mais avec plus de désintéressement, ce que l'Autriche-Hongrie a fait en Bosnie et en Herzégovine, c'est-à-dire d'y prendre à sa charge la direction civile et militaire, en un mot de remplacer le régime turc actuel par une administration moderne, honnête et impartiale.

Bien qu'étant un pays de montagnes assez pauvre par lui-même, l'Albanie aura grand avantage à passer sous une administration européenne. Quant à la Macédoine, ses campagnes d'une fertilité merveilleuse la rendent susceptible d'un grand développement économique.

Voici quelle est, à cet égard, l'opinion de M. Gaston Routier qui fit, l'année passée, un voyage d'enquête dans les pays balkaniques (1) :

« Il est incontestable que les intérêts européens, loin de péricliter ou de se trouver diminués dans une Macédoine autonome ou érigée en principauté vassale de la Turquie, augmenteraient considérablement en importance sous tous les rapports. Ce pays, à l'heure actuelle, ruiné et désolé, où, cet hiver, des centaines de milliers d'âmes vont mourir de famine, peut devenir un grenier de l'Europe pour les céréales; il contient des mines très riches encore ignorées ou inexploitées... et pour cause; il sera un consommateur très sérieux des produits des grandes industries européennes; et si quel-

(1) Voir *la Question macédonienne*, Paris, H. Le Soudier, 1903.

ques industries locales, favorisées par la matière première et la main-d'œuvre, s'y créent et y prospèrent, rien n'empêche les capitalistes français, anglais ou allemands de venir les installer avec leur argent et d'en retirer les profits.

« Ce n'est pas s'aventurer que d'affirmer que les affaires de toutes sortes que les Européens pourraient faire en Macédoine, si ce pays jouissait d'un régime d'ordre et de justice, seraient dix fois plus importantes et plus rémunératrices que celles qu'ils y font actuellement. »

Le jour où les Turcs auraient en face d'eux les cinq États précités unis en confédération et soutenus par l'Italie, nous croyons qu'il leur serait bien difficile de résister à la pression exercée par eux et qu'ils ne risqueraient pas de se jeter dans une guerre, où ils auraient nécessairement le dessous, pour conserver le gouvernement de deux provinces qui tendent depuis longtemps à leur échapper et dont la possession leur coûte actuellement tant d'efforts et de soucis.

La Turquie a perdu successivement la plupart de ses possessions européennes. Il y a quelques années, n'a-t-elle pas encore abandonné à la Bulgarie, sans coup férir, la Roumélie Orientale, et ne va-t-elle pas bientôt renoncer à l'île de Crète en faveur de la Grèce? Le sultan se contente de retarder le plus longtemps possible l'émancipation de ses peuples chrétiens, mais il sait parfaitement qu'aucune force humaine ne pourra empêcher ce résultat de se produire.

Aujourd'hui, la question de la Macédoine est mûre; les populations y sont fermement décidées à s'affranchir du joug ottoman. Le mouvement pour l'émancipation a été moins accentué jusqu'ici en Albanie, mais on ne peut songer à laisser cette contrée sous l'autorité turque après avoir enlevé à celle-ci la

Macédoine, qui la séparerait complètement de l'Albanie.

En persistant à les conserver sous son joug, la Turquie risque de provoquer un soulèvement général des populations macédoniennes aidées par les Bulgares, et, une fois la guerre déchaînée dans la Péninsule, qui peut en prévoir toutes les conséquences?

Une guerre venant à éclater actuellement entraînerait sans aucun doute l'intervention, volontaire ou non, d'une ou de plusieurs grandes puissances, et la Turquie, en ce cas, devrait envisager l'éventualité pour elle de perdre non seulement le gouvernement de l'Albanie et de la Macédoine, mais encore, et dès à présent, sa dernière province d'Europe avec sa capitale Constantinople.

Il reste d'ailleurs très peu de vrais Turcs en Europe (1). Un secret instinct pousse

(1) Nous noterons que l'Empire ottoman ne compte en somme, en Europe, pour 160,000 kilomètres carrés, qu'un peu plus de 6 millions d'habitants, parmi lesquels les Turcs

même ceux de Constantinople à aller enterrer leurs morts à Scutari d'Asie, tellement ils s'attendent à être dépossédés un jour.

Devant la volonté unanime fermement exprimée des États constitués en confédération et des chrétiens qui gémissent encore sous le joug de l'Islam, le sultan céderait sans doute et abandonnerait ses droits sur la Macédoine et l'Albanie.

Supposons donc acquis le succès dans lequel nous avons une invincible foi. Sans doute, le fonctionnement de la nouvelle Confédération serait délicat et compliqué; mais ces inconvénients possibles, appelés à diminuer et peut-être à disparaître après l'ère laborieuse du début, seraient mille fois préférables à l'état d'incertitude du présent et aux luttes fatales de l'avenir.

L'intérêt des peuples balkaniques leur

sont en infime minorité. Comme point de comparaison, la Roumanie seule a une population égale, pour un territoire de 131,000 kilomètres carrés.

ordonne de consentir à quelques sacrifices respectifs pour arriver à une entente durable, plutôt que d'entrevoir perpétuellement des menaces de guerre pour chaque portion du territoire à partager et de faire appel de chaque côté à quelques grandes puissances rivales qui mettent à leur protection le prix d'un complet asservissement économique.

La situation actuelle ne saurait aboutir, après des partages d'influence entre l'Autriche-Hongrie et la Russie, qu'à l'installation progressive, dans la Péninsule, de ces deux puissances, sans parler de l'Allemagne, qui, en cas de démembrement de la monarchie des Habsbourg, songerait à prendre la succession balkanique de son ancienne alliée (1).

(1) « Une fois en possession de l'Autriche, disent les pangermanistes, nous redeviendrons les voisins des pays faiblement peuplés du Danube et des Balkans. » *Die deutsche Politik der Zukunff.* Deutschvolkischer Verlag « Odin », Munich, 1900.

Avec une Confédération orientale placée hors de la sphère politique de ces trois puissances, cette mainmise future ne saurait se produire, grâce au lien puissant qui relierait ces peuples à l'Italie. Ils n'auraient rien à redouter pour leur existence et pour leur avenir.

D'ailleurs, en jetant les bases de la Confédération, les États appelés à en faire partie pourraient s'accorder mutuellement des avantages ou des rectifications de frontière.

En jetant un coup d'œil sur la carte annexée à cet ouvrage, on pourra se rendre compte plus clairement des modifications que nous proposons.

Ainsi, le sandjak de Novi-Bazar pourrait être partagé entre la Serbie et le Montenegro, en prenant comme frontière de ces deux pays la rivière Lim. La Bulgarie se verrait confirmer la possession définitive de la Roumélie Orientale. La Grèce annexerait la Crète.

On pourrait aussi confirmer à l'Autriche la possession de la Bosnie et de l'Herzégovine, qui seraient incorporées à l'empire, et cela pour faciliter le retrait des troupes qu'elle entretient actuellement, à titre provisoire, dans le sandjak de Novi-Bazar.

CHAPITRE XIV

ADHÉSION DE LA ROUMANIE A LA CONFÉDÉRATION ORIENTALE

La Roumanie n'est pas, à vrai dire, un Etat balkanique, ou plutôt elle ne l'est devenue, pour une infime partie de son territoire, que depuis le traité de Berlin.

Bien que les Turcs y aient exercé une suzeraineté qui a duré trois siècles et demi, jamais la vie nationale n'a été abolie dans les pays roumains, comme chez les Grecs, les Serbes et les Bulgares.

Nous citerons à cet égard le passage suivant d'Edgar Quinet : « Dans tous les lieux « où les musulmans ont fait une conquête,

« ils l'ont faite au nom d'Allah. Or, rien « de semblable dans les principautés... Par « une exception éclatante, extraordinaire, « les Turcs, dès leur entrée dans le pays, se « sont interdit le droit d'y bâtir une seule « mosquée. Et dans un temps où les Turcs « foulaient aux pieds toutes les conven- « tions, vous admirerez certainement la « bonne foi avec laquelle ils ont respecté « ce qui était fondé sur le droit religieux. « Un traité peut être déchiré et disparaî- « tre; les diplomates, à force d'arguties, « peuvent le contester, les érudits le ré- « duire à néant. Ici, c'est une religion qui, « depuis trois siècles, porte témoignage; « c'est une religion qui dépose devant le « monde entier, et, comme dans toutes les « affaires marquées de ce grand sceau, il « ne se trouve ici matière à aucune chi- « cane. De ce côté de l'eau est la terre « d'Allah, de cet autre la terre du Christ. « Nulle confusion, nulle ambiguïté; la

« même borne a été posée par des dieux « différents. »

L'autonomie des deux principautés, complète jusqu'au dix-huitième siècle, s'est trouvée réduite pendant une centaine d'années, sans jamais disparaître, par le fait que la Porte nommait alors directement les princes régnants, souvent des Grecs du Phanar. C'est pourquoi, contrairement à la Bulgarie et à la Serbie, la Roumanie a des classes dirigeantes puissantes; elle est restée un pays de grande propriété et de traditions.

Toutefois, si différente qu'elle soit des autres États appelés à la composer, la Roumanie a plusieurs motifs d'entrer dans la Confédération orientale.

Nous avons dit qu'elle fait elle-même un peu partie de la Péninsule par son annexe, la Dobroudja, — précieuse par son port maritime, Constantza. La Dobroudja, qui est rattachée à l'Occident par un magnifique pont jeté sur le Danube, constitue une acquisition à titre onéreux, chèrement payée par la perte de la Bessarabie. Les Roumains, victorieux en 1877, mais déçus, abandonnés, au traité de Berlin, par la diplomatie européenne, ont dû laisser prendre cette province par les Russes, leurs alliés.

La Roumanie eut le tort de céder de mauvaise grâce, au lieu de s'entendre avec le gouvernement des tsars pour obtenir du moins, au sud, autre chose qu'une frontière découverte, c'est-à-dire la ligne Varna-Roustchouk, et quelques centaines de millions comme indemnité de guerre. Si son gouvernement se montra malhabile, il obéit du moins à une idée chevaleresque, se refusant même à discuter le troc d'une terre roumaine.

A part la considération géographique de la Dobroudja, le royaume de Roumanie n'a aucune velléité d'agrandissement dans la Péninsule par l'annexion de territoires qu'habitent des frères de race, mais dont il est séparé par de compactes populations slaves.

Le gouvernement roumain ne saurait cependant se désintéresser du sort des populations roumaines du sud, disséminées dans toute la Turquie d'Europe, et plus spécialement en Macédoine et en Épire. Représentant au moins un dixième de l'ensemble des Latins d'Orient (environ onze millions au total), ces populations constituent dans les destinées de la race un appoint qui n'est pas à négliger, et elles sont d'autant plus chères aux Roumains des Karpathes que leur fidélité tient du prodige.

Le droit de les aimer et de les protéger sans arrière-pensée saurait-il être contesté par les descendants de ceux — Grecs, Bulgares, Albanais — qui ont reçu un asile dans les deux anciennes principautés danubiennes, pendant les temps d'oppression, qui y ont préparé leurs premières tentatives d'émancipation politique, qui sont venus étudier dans les écoles de Bucarest et de Jassy?

Les Grecs seraient particulièrement ingrats, en oubliant que la générosité des princes et des boyards valaques et moldaves a doté les innombrables monastères relevant des Lieux Saints dont l'énorme revenu a enrichi, pendant des siècles, les Églises d'Orient, et a servi à soutenir les révolutions helléniques (1).

D'ailleurs, pour disputer leurs congénères de Turquie aux propagandes grecque et slave, les Roumains du royaume se contentent de favoriser le développement cultural de cet élément fraternel. La Roumanie prétend être une métropole intellectuelle, rien de plus.

Le relèvement de la somme inscrite au

(1) Les couvents du mont Athos, à eux seuls, possédaient la plus grande partie des revenus de cent quatre-vingt-six grands domaines en Valachie et en Moldavie, et le mont Athos fut le plus grand foyer d'hellénisme en Macédoine.

budget pour les prêtres et les instituteurs, le vote d'un crédit extraordinaire de 600,000 francs pour construction d'églises et d'écoles, la récente création d'un consulat à Janina, tout cela prouve l'intérêt que la Roumanie attache à ce développement cultural. Quant aux manœuvres du patriarcat et aux tentatives auxquelles se livre le clergé grec en vue de dénationaliser les Roumains d'Orient, sous prétexte de ne point laisser porter atteinte aux traditions et aux intérêts de l'orthodoxie, voici les propres paroles du ministre des affaires étrangères de Roumanie, M. Jean Bratiano, dans son discours de 1904 sur la situation des Roumains de Macédoine :

« A l'égard de ces facteurs hostiles, je me bornerai à vous déclarer que nous ne renoncerons, pour appuyer les efforts légitimes des Roumains du Pinde, à aucun des moyens compatibles avec le caractère que revêt l'ensemble de notre politique, que nous voulons conserver intacte de toute velléité d'agitation et de provocation, mais que nous sommes décidés à poursuivre avec énergie et persévérance. »

Cette politique, commune aux deux grands partis du pays et qui a sa formule dans le mot de M. Stourdza, actuellement chef du gouvernement : « Il faut que pas un Roumain ne se perde ! » trouvera sans doute son couronnement dans la création, pour les Roumains de Turquie, d'un épiscopat comme en possèdent les Grecs, les Bulgares, les Serbes et les catholiques, — l'Église roumaine, autocéphale dans le royaume, ne pouvant avoir, en Turquie, des droits moindres que les autres Églises chrétiennes.

Ni les Roumains du royaume, ni les Roumains du sud ne sauraient envisager avec indifférence la perspective de voir le patriarcat de Constantinople grossir le patrimoine de l'hellénisme de cet élément macédo-roumain, dont la fidélité à la race latine, malgré les efforts et l'indéniable prestige de la culture hellénique est vraiment digne d'admiration.

La Roumanie, dans la crainte de voir l'influence bulgare devenir prédominante au détriment de la race roumaine, a défendu jusqu'à présent et a encore intérêt à défendre, dans l'état actuel des choses, l'intégrité de l'Empire ottoman, comme un moindre mal.

La domination turque est moins dangereuse pour les Roumains du sud de la Péninsule que ne le serait la domination slave. La différence de religion est, en effet, le plus sûr garant que l'assimilation de l'élément roumain à l'élément ottoman ne saurait se produire.

Si au contraire les Bulgares, de même religion que les Roumains, arrivaient à s'emparer de la Macédoine, les Roumains du sud finiraient par se confondre avec les

Bulgares et seraient définitivement perdus pour la mère patrie. De plus, la Bulgarie, ainsi agrandie, deviendrait l'État le plus puissant des Balkans, et son existence même serait une menace perpétuelle pour la Roumanie et surtout pour la province roumaine de Dobroudja, située sur la rive droite du Danube.

Quelques Roumains ont émis l'opinion que l'intérêt de leur pays était de maintenir le *statu quo* en Orient, dans la crainte d'une trop grande expansion des races slaves dans la Péninsule. Mais le maintien de l'intégrité de l'Empire ottoman n'aurait plus aucun intérêt aux yeux de ces patriotes roumains, le jour où, grâce à une Confédération orientale placée sous le patronage impartial de la couronne italienne, l'existence et le développement ethnique des Roumains du sud seraient complètement assurés contre les empiétements des autres races.

D'ailleurs le royaume de Roumanie, enclavé entre la Russie et l'Autriche-Hongrie, serait trop isolé s'il se formait, au sud du Danube, une importante Confédération dont il serait exclu et dont il a le droit de faire partie au titre de la Dobroudja. Disons encore que le même isolement atteindrait les Latins du sud, par suite de cette exclusion de leur métropole ethnique et intellectuelle qui ferait pencher la balance du côté des éléments slavo-balkaniques, alors tous groupés. Dans ces conditions, l'accession de la Roumanie à la Confédération orientale, avantageuse d'ailleurs pour tous les autres États qui la composeraient, s'impose comme une nécessité. Cette participation lui assurerait, grâce à sa politique probe et modérée, une situation importante (1) et plus

(1) « Quant à une fédération éventuelle, personne ne la verrait de meilleur œil que la Roumanie, qui forcément y jouerait le rôle de *prima inter pares*. (Take Ionesco, article déjà cité de la *Monthly Review*, 1903.)

indépendante, vu que les liens qui s'établiraient entre elle, les États balkaniques et l'Italie, lui épargneraient la nécessité de s'appuyer sur un groupement politique quelconque des grandes puissances.

CHAPITRE XV

CONSTANTINOPLE

Nous avons cru devoir réserver, dans notre projet de Confédération, la question de Constantinople. La Turquie ne céderait pas actuellement sa capitale sans une résistance désespérée qui ferait hésiter les cabinets européens devant une solution trop brusque et qui ne s'obtiendrait vraisemblablement pas sans une large effusion de sang chrétien.

Mais il est difficile de traiter la question d'Orient sans envisager le rôle que sera appelée à jouer, dans l'avenir, cette ville qui fut, d'ailleurs, dès le commencement du moyen âge, la métropole des peuples balkaniques.

Dans la Confédération telle que nous la prévoyons actuellement, Constantinople resterait la capitale de l'Empire ottoman, qui ne posséderait plus en Europe que la province de Thrace.

Combien de temps les Turcs séjourneront-ils encore sur le continent européen, et sous la poussée de quels événements l'abandonneront-ils un jour pour aller s'établir définitivement dans leur Empire d'Asie? Voilà ce qu'il est malaisé de prédire dès à présent. Toutefois, il semble évident, pour qui connaît tant soit peu l'histoire d'Orient, que cette éventualité ne saurait manquer de se produire et que les Turcs sont fatalement destinés à perdre, dans un avenir plus ou moins rapproché, leur dernière possession européenne.

Le rôle de notre Confédération n'est pas de hâter ce moment ni de brusquer la marche des événements, mais de résoudre temporairement la question si aiguë de Macédoine et d'enlever au monde l'anxiété générale que provoque la solution éventuelle de la grave question de Constantinople. Dès à présent, en effet, la marche à suivre, lorsque cet événement viendra à se produire, serait toute tracée. Elle ne laisserait pas la porte ouverte aux convoitises des grandes ou des petites puissances et préviendrait une conflagration générale susceptible de bouleverser l'Europe au moment de l'ouverture de cette succession.

En réservant l'heure à laquelle se produira cette dernière transformatiou de l'Orient européen, et pour mieux établir le régime qu'il conviendrait d'appliquer dans l'avenir à Constantinople, après le départ des Turcs, il serait utile de jeter un coup d'œil en arrière et de rappeler le rôle que cette capitale a joué jusqu'ici dans l'histoire, au point de vue des races.

L'Empire d'Orient fut une création de Rome, opérée par l'intermédiaire d'un Illyrien grécisé et romanisé. Lorsque, en fondant l'Empire romain d'Orient (330 après J.-C.), Constantin eut fait de Byzance sa résidence impériale, la ville et les provinces environnantes de la péninsule balkanique furent romanisées tour à tour; la langue latine persista même, dans l'administration et le commerce, jusqu'au septième siècle, c'est-à-dire jusqu'au règne de Phocas, où commença le déclin du latinisme, sous l'influence des empereurs de race grecque ou grécisants, originaires de la péninsule balkanique.

Car les maîtres de Byzance, contrairement à l'opinion répandue, appartinrent aux races les plus différentes de l'Empire, Grecs, Thraces, Illyriens, — et par Grecs il faut entendre, encore une fois, les races balkaniques orthodoxes, plus ou moins hellénisées, et non les habitants de l'Hellade.

Certainement, on parle beaucoup le grec à Constantinople, et on le parla encore davantage avant la conquête ottomane; mais la langue ne suffit pas pour déterminer le caractère d'une race. D'ailleurs, les anciens Hellènes, de tout temps peu nombreux, furent décimés à l'époque des guerres persiques, puis de celles qui marquèrent le règne d'Alexandre le Grand, et enfin pendant les luttes contre Rome.

Ce qui se passe actuellement, en ce qui concerne la langue grecque, est bien de nature à nous faire comprendre ce qui se produisit jadis à cet égard. Combien de Roumains de Turquie, combien d'Albanais, combien de Bulgares même ne se font-ils pas encore passer pour des Hellènes, afin de ménager le patriarcat! Jadis, ce fut en vue de charges à obtenir, d'influences à exercer.

Mais Byzance affectait essentiellement le caractère cosmopolite qui signale la Constantinople de nos jours. Les étrangers y formaient même des groupements séparés. Les Vénitiens étaient maîtres de quartiers fortifiés; les Génois occupaient Péra et Galata.

Les Grecs proprement dits se concentrèrent surtout au Phanar, après la conquête turque. Mais si leur élément ne constitue pas à beaucoup près une majorité, l'élément turc véritable est, lui aussi, insignifiant dans le million d'habitants qui peuplent aujourd'hui la cité impériale. Constantinople a ses quartiers grecs, arméniens, juifs, francs, ses colons asiatiques, ses nègres d'Afrique; ses masses levantines sans caractère ethnique déterminé, et, parmi les mahométans, de nombreux descendants de renégats grecs et albanais devenus fonctionnaires de la Turquie.

C'est à peine si, jusqu'à présent, on a osé poser la question de Constantinople, tellement elle paraît embarrassante. On connaît le mot de Napoléon qui, lors de ses négociations avec le tsar Alexandre Ier pour le partage éventuel de l'Empire ottoman, disait : « Celui qui aurait Constantinople serait le maître du monde. » Ce mot a d'ailleurs cessé d'être vrai depuis le percement du canal de Suez.

Le jour donc où la Turquie deviendrait un empire purement asiatique, il conviendrait de donner un régime particulier à Constantinople. En effet, la position de cette ville, située aux confins de deux continents et de deux mers, présente un intérêt international qui peut militer en faveur d'une neutralisation rigoureuse du Bosphore et des Dardanelles, à l'instar de l'isthme de Suez.

Peut-être faudrait-il faire de Constantinople un port franc. Dans tous les cas, toutes les nations, sans exception, devraient y trouver les plus larges franchises et libertés commerciales. Une fois la province de Thrace reconstituée sur les mêmes principes que celles de Macédoine et d'Albanie, Constantinople, libérée de la domination turque, s'imposerait comme capitale politique définitive de la Confédération. La Diète fédérale y serait transférée et le lieutenant impérial italien y transporterait naturellement sa résidence. De même, les représentants des puissances auprès de la Confédération transféreraient leur siège à Constantinople.

Nous n'avons pas la prétention, dans le cadre d'un ouvrage aussi restreint, de fixer dans ses détails l'organisation de la Confédération future. Nous avons seulement voulu l'indiquer dans ses grandes lignes et surtout nous pensons en rendre la réalisation plus aisée en ne prêchant pas le bouleversement immédiat de la Péninsule.

La plupart des auteurs qui ont écrit à ce sujet partagent à leur façon Constantinople et toutes les possessions turques d'Europe entre telles ou telles puissances, sans tenir compte qu'un tel partage ne pourrait se faire actuellement sans une guerre sanglante et peut-être européenne. C'est ce qui fait que leurs livres sont restés dans le domaine de l'idéal. Notre projet, au contraire, pourrait s'appliquer dès à présent sans secousse, et il préparerait ainsi une solution pratique de la question d'Orient, solution que l'on pourrait obtenir sans qu'il y ait de sang versé, par l'œuvre seule du temps et de la diplomatie.

CHAPITRE XVI

CONCLUSIONS

Nous avons assez dit ce qui divise les nationalités soumises au joug de la Turquie, — et elles sont elles-mêmes des causes de division pour les peuples déjà émancipés de ce joug dont elles excitent les convoitises. Mais la communauté de religion et de mœurs, et aussi la communauté de souffrances dans le présent et dans le passé, constitueraient quand même, avec les mélanges de sang, un puissant ciment pour la cohésion d'une Confédération orientale.

Pour arriver toutefois à une entente durable, il faudra, nous ne saurions trop le répéter, que chacun de ces peuples chrétiens sache sacrifier à l'intérêt général quelque chose des aspirations d'un idéal national exaspéré, et surtout renonce au rêve de prédominance absolue dans la Péninsule, à la reconstitution utopique des empires de Douchan, du tsar Samuel ou d'Alexandre le Grand.

Sans ces concessions mutuelles et avec des arrière-pensées tendant à changer à son avantage particulier ce qui aurait été établi dans l'intérêt de tous, il est trop certain que la cohésion de la Confédération se trouverait singulièrement affaiblie et qu'on reverrait bientôt de nouvelles ingérences politiques émanant des grandes puissances, de la tutelle ou de la protection desquelles on viendrait à peine de s'affranchir.

En interrogeant l'histoire de quelques peuples qui, au nord du Danube, ont présenté beaucoup d'analogie avec les nationalités balkaniques, la Pologne, la Hongrie, la Moldavie et la Valachie, nous voyons que, dès la plus haute antiquité, l'idée d'une étroite alliance entre ces peuples a germé dans l'esprit de plusieurs de leurs souverains.

C'est ainsi que le premier prince de Valachie qui ait joué au quatorzième siècle un rôle européen, Alexandre Bassaraba, conçut l'idée d'une alliance avec ses coreligionnaires slaves de la rive droite du Danube. Il avait trois filles : il en donna une à Urosch, fils du tsar serbe Étienne Douchan ; une autre à Straschimir, empereur bulgare de Vidin, et la troisième à Vucashin, alors prince féodal en Macédoine et plus tard roi de Serbie (1).

De cette façon, les dynasties serbe, roumaine et bulgare ne formèrent, grâce à ces alliances, qu'une seule famille ; les Slaves du

(1) Autrefois, les souverains chrétiens d'Orient étaient parfois indifféremment, et suivant les époques, les chroniques ou les poèmes nationaux, qualifiés de tsars, rois, empereurs, voévodes ou princes.

sud considèrent encore les fils et petits-fils d'Alexandre Bassaraba comme s'ils eussent été des héros nationaux serbes ou bulgares, et les célèbrent comme tels dans leurs ballades et dans leurs chants nationaux.

La Pologne, la Hongrie, la Valachie et la Moldavie ont glorieusement défendu, pendant quatre siècles, la civilisation européenne contre les Tartares et les Turcs. Si les princes de ces quatre États qui, sous la pression des circonstances, s'unirent parfois par d'éphémères traités, mais qui plus souvent se combattirent, avaient, au lieu de suivre une politique égoïste, formé une ligue chrétienne, la Hongrie n'aurait pas subi, pour un temps donné, la conquête ottomane, la Moldavie et la Valachie auraient évité la suzeraineté de la Porte, et la Pologne vivrait certainement comme État pleinement indépendant.

Mieux vaut donc une étroite alliance des peuples balkaniques entre eux et avec l'Italie, que leur annexion fatale à l'un des empires austro-hongrois ou russe. Qu'ils se pénètrent enfin de cette vérité !

En s'opposant au développement de toutes les races qui peuplent la Macédoine, deux États, la Bulgarie et la Grèce, plus suspects de froideur envers notre idée, ne feraient que le jeu de l'Autriche, car cette puissance, la plus immédiatement menaçante, vu l'affaiblissement actuel de la Russie, a derrière elle l'impulsion pangermaniste.

Les haines de races doivent disparaître comme les haines de religion, rejetées au second plan par les préoccupations des réformes sociales et du bien-être des peuples.

Ainsi que nous l'avons dit plus haut, nous estimons que le système des groupements fédéraux, basés sur le respect de l'individualité de chaque peuple adhérent, va prévaloir à l'avenir, à commencer par les régions où la multiplicité de races ne peut faire espérer l'établissement durable d'un grand État homogène.

Nous prévoyons le triomphe du principe fédératif en Autriche-Hongrie. Il constituerait la meilleure chance de se maintenir pour la dynastie des Habsbourg, qui sera d'ailleurs fatalement obligée, par la poussée des Slaves et des Roumains de la monarchie, à renoncer à l'actuel compromis austro-hongrois.

L'unité nationale absolue, avec sa tendance fatale à l'extension par l'absorption des États faibles, cessera de prédominer. Déjà même, on n'ose plus la conquête brutale, malgré la folie des armements. Quant aux peuples fédérés, ils ne seront plus obligés de ruiner leurs finances et d'immobiliser dans les casernes leur jeunesse travailleuse pour se défendre contre leurs voisins, et ils n'auront pas besoin de rendre l'État adéquat à la nationalité en englobant tous les individus de même race, du moment que la fédération leur garantira à tous une égale liberté dans leurs frontières respectives.

La Turquie a un avenir en Asie; elle n'a même d'avenir que là. Déjà ses provinces européennes représentent un poids mort qu'elle traîne sans profit et sans gloire, qui épuise ses dernières forces, lesquelles, libérées, — car ce serait une délivrance même pour l'Empire ottoman qu'une solution radicale de la question d'Orient, — trouveraient à s'exercer légitimement dans cette Asie qui est le berceau de l'Islamisme.

L'humanité procède par étapes, chaque nouvelle génération reprenant la marche en avant quand la précédente a fait halte dans la mort. Une Confédération orientale serait une de ces étapes — et combien décisive! — vers le progrès et l'apaisement. La Confédération des peuples de l'Autriche-Hongrie en formerait une seconde; c'est ainsi que l'on arriverait un jour à la constitution des États-Unis d'Europe, qui seule donnera le signal du désarmement général et comblera ce vœu légitime de l'humanité civilisée : la paix universelle.

Les peuples balkaniques, sous la présidence de l'Italie, auraient la gloire d'avoir pris l'initiative de ce mouvement, prouvant au monde qu'ils ont su comprendre, avant les plus grands pays, la nature des phénomènes sociaux à venir.

BIBLIOGRAPHIE

PRINCIPAUX OUVRAGES CONSULTÉS

ALEXICI (G.). — *Macédoromanii.* (*Convorbieri literare*, nos 9 et 10, 1903.)

ARGINTEANO (J.) — *Istoria Românilor macedoneni.* Bucarest, 1904.

ARGYRIADÈS (P.). — *La Confédération balkanique.* (*Revue socialiste*, t. XXII, 1895.)

BARLETIUS. — *Histoire de Georges Castriot, surnommé Scanderbeg, roy d'Albanie.* Paris, J. de Lavardin, 1621.

BASMATZIDÈS (J.). — *La Macédoine et les Macédoniens.* Munich, 1867.

BATTENBERG (F. J. PRINZ VON). — *Das volkswirthschaftliche Entwicklung Bulgariens.* Leipzig, Veit et Cie, 1891.

BENEDETTI (COMTE). — *La Question d'Orient.* (*Revue des Deux Mondes*, 1er janvier 1897.)

BÉRARD (VICTOR). — *La Turquie et l'Hellénisme contemporain.* Paris, F. Alcan, 1904.

— *Pro Macedonia.* Paris, A. Colin. 1904.

— *La Macédoine.* Paris, A. Colin, 1900.

Bikelas (D.). — *La Grèce byzantine et moderne*. Paris, Firmin-Didot, 1893.

Blancard (J.). — *L'Épire et la Thessalie*. Paris, Firmin-Didot et Cie, 1882.

Blüntschli. — *La Politique*. Paris, Guillaumin et Cie, 1883.

Boué (Ami). — *La Turquie d'Europe*. Paris, 1840.

Burada (T.). — *Cercetari despre scólele românesci din Turcia*. Bucarest, V. C. A. Rosetti, 1890.

Calvo (Ch.). — *Le Droit international théorique et pratique*. Paris, A. Rousseau, 1887-96.

Cappelli (Rafaele). — *La Politica estera del Conte di Robilant*. Roma, Forzani, 1897.

Casati (C.). — *Le Réveil de la Question d'Orient*. Paris, E. Dentu, 1880.

Chéradame (A.). — *La Macédoine. Le Chemin de fer de Bagdad*. Paris, Plon, 1903.

— *L'Europe et la Question d'Autriche au seuil du vingtième siècle*. Paris, Plon-Nourrit et Cie, 1901.

Chiudina (G.). — *Storia del Montenegro da tempi antichi fino a nostri*. Spalato, 1882.

Chopin et Ubicini. — *Provinces danubiennes et roumaines*. Paris, Firmin Didot frères, 1856.

Choublier (Max). — *La Question d'Orient depuis le traité de Berlin*. Paris, A. Rousseau, 1897.

Cosmescu (C. J.). — *Dimitrie Cosacovici si aromânismul*. Mémoire présenté à l'Académie roumaine, 26 mars 1903.

Debidour (A.). — *Histoire diplomatique de l'Europe depuis l'ouverture du Congrès de Vienne jusqu'à la clôture du Congrès de Berlin* (1814-78). Paris, F. Alcan, 1891.

Demolins (E.). — *Comment la route crée le type social*. —

Les Routes du monde moderne. Paris, Firmin-Didot et Cie.

Densusianu (N.) et Damé (F.). — *Les Roumains du Sud.* Bucarest, 1877.

Dissesco (C. G.). — *Les Origines du droit roumain.* Paris, 1899.

Driault (E.). — *La Question d'Orient depuis ses origines jusqu'à nos jours.* Paris, F. Alcan, 1898.

— *Les Problèmes politiques et sociaux à la fin du dix-neuvième siècle.* Paris, F. Alcan, 1900.

Durnovo (N.). — *Études sur la Macédoine* (en russe). Moscou, 1898.

Engelhardt (Ed.). — *La Confédération balkanique.* (*Revue d'histoire diplomatique.* Paris, E. Leroux, janvier 1892.)

— *La Turquie et le Tanzimat.* Paris, 1882.

Gandolphe (M.). — *La Crise macédonienne.* Paris, Perrin et Cie, 1904.

Geblesco (C. R.). — *La Question d'Orient.* Paris, Perrin et Cie, 1904.

Glück. — *Albanien und macedonien* (eine reizeskizze). Leipzig, 1892.

Goptschevic (S.). — *Macedonien und Alt Serbien.* Wien, L. W. Seidel und Sohn, 1889.

Gubernatis (Comte A. de). — *La Serbie et les Serbes.* Florence, Bernard Seeber, 1897.

Hahn (Dr J. G. von). — *Albanische Studien.* Jena, 1854.

Hammer (J. von). — *Histoire de l'Empire ottoman depuis ses origines jusqu'à nos jours.* Paris, 1835, et ann. suiv. 18 vol. in-8°.

— *Geschichte des Osmanischen Reiches.* Pesth, 1840.

Hecquard (H.). — *Histoire et description de la haute Albanie ou Guégarie.* Paris, A. Bertrand, 1853.

HENRY (RENÉ). — *Questions d'Autriche-Hongrie et question d'Orient*. Paris, Plon, 1903.

HEUZEY (L.). — *Le Mont Olympe et l'Acarnanie*. Paris, 1860.

HÖFLER (C. R. VON). — *Abhandlungen aus dem Gebiete der slavischen Geschichte*. Wien, C. Gerold, 1879.

JIRECEK (C. J.). — *Geschichte der Bulgaren*. Prag, 1876.

KALLAY (BENJ. VON). — *Geschichte der Serben* (aus dem ungar. von J. H. Schwicker). Budapest, 1878.

KAMAROWSKI (COMTE L.). — *La Question d'Orient (Revue générale de Droit international public*, t. III, juillet 1896.)

KANITZ. — *Conférence ethnographique tenue dans la séance de la Société géographique de Vienne*, le 24 février 1863.

— *Serbien*. Leipzig, 1868.

LAMBROS (Sp.). — *Histoire de la Grèce depuis les temps les plus reculés jusqu'au règne du roi Othon*. Athènes, 1886-92.

LAMOUCHE (L.). — *La Bulgarie dans le passé et le présent*. Paris, Baudoin, 1892.

LAVALLÉE (Th.). — *Histoire de l'Empire ottoman*. Paris, 1855.

LAVELEYE (E. DE). — *La Péninsule des Balkans*. Paris, F. Alcan, 1888.

LAVISSE (E.) et RAMBAUD (A.). — *Histoire générale du quatrième siècle à nos jours*. Paris, A. Colin, 1893-1901.

LEAKE (W. MARTIN). — *Travels in Northern Greece*. London, 1835. — *Travels in the Morea*. London, 1830.

LEJEAN (G.). — *Ethnographie de la Turquie d'Europe*. Gotha, J. Perthes, 1861.

LOISEAU (CH.). — *L'Équilibre adriatique*. Paris, Perrin et Cie, 1901.

Martens (F. de). — *Die russische politik in der orientalischen Frage*. Saint-Pétersbourg, 1877.

Mijatovitch. — *The history of modern Serbia*. London, Tweedie, 1872.

Miklosich (Dr F.). — *Rumunische Untersuchungen*. I. *Istro- und macedo-rumunische Sprachdenkmähler*. Wien, C. Gerold Sohn, 1881.

Nenitzesco (J.). — *De la Românii din Turcia europeana*. Bucarest, C. Gœbl, 1895.

Nicolaidès (Dr C.). — *La Macédoine*. Berlin, Joh. Räde, 1899.

Non-diplomate (Un). — *La Question des réformes dans la Turquie d'Europe*. Paris, A. Chevalier-Marescq et Cie, 1903.

Novicow (J.). — *Les Luttes entre sociétés humaines*. Paris, F. Alcan, 1893.

— *La Possibilité du bonheur*. Paris, V. Giard et Cie, 1904.

— *La Missione dell' Italia*. Milano, Fratelli Treves, 1903.

Odysseus. — *Turkey in Europe*. Londres, E. Arnold, 1900.

Onciul (D.). — *Originile Principatelor române*. Bucarest, 1899.

Petriceicu-Hajdeu (B.). — *Strat si substrat. Genealogia popórelor balcanice*. Mémoire présenté à l'Académie roumaine, 27 mars 1892.

— *Istoria critica a Romanilor*.

Picot (E.). — *Les Roumains de la Macédoine*. Paris, Leroux, 1875.

Pouqueville (F.-C.-H.-L.). — *Voyage dans la Grèce*. Paris, Firmin-Didot, père et fils, 1820-21.

Rattos (Dionyse). — *Constantinople ville libre*. Paris, E. Dentu, 1860.

REINACH (J.). — *La Serbie et le Monténégro*. Paris, A. Colin. 1892.

ROBERT (CYPRIEN). — *Les Slaves de Turquie*. Paris, Passard, Labitte, 1844.

ROUTIER (GASTON). — *La Question macédonienne*. Paris, H. Le Soudier, 1903.

SANMINIATELLI (D.). — *In giro sui confini d'Italia*. Roma, Fratelli Bocca, 1899.

SCHOPOFF (A.). — *Les Réformes et la protection des chrétiens en Turquie*, 1673-1904. Paris, Plon-Nourrit et Cie, 1904.

SEIGNOBOS (CH.). — *Histoire politique de l'Europe contemporaine*. Paris, A. Colin, 1897.

SENTUPÉRY (L.). — *L'Europe politique*. Paris, Lecène, Oudin et Cie, 1895.

SOREL (A.). — *La Question d'Orient au dix-huitième siècle*. Paris, Plon, 1889.

STEFANI (G.). — *La lotta dei popoli nella penisula Palcanica*. (*Nuova Antologia*, février 1895.)

STEPHANOPOLI (A. Z.). — *Le Facteur grec dans le problème oriental*. Athènes, 1896.

STOURDZA (Al. A. C.). — *La Terre et la race roumaines*. Paris, J. Rothschild, 1904.

SUNDA (T.). — *Almanach macédo-roumain*. Bucarest, 1901 et 1902.

THUNMANN (J.). — *Untersuchungen über die Geschichte der oestlichen europäischen Völker, über die Geschichte und Sprache der Albaner und Wlachen*. Leipzig, 1774.

UBICINI (A.). — *La Question d'Orient devant l'Europe*. Paris, E. Dentu, 1854.

— *Lettres sur la Turquie*. Paris, J. Dumaine, 1853-54.

VALAQUE DU PINDE (UN). — *Études historiques sur les Valaques du Pinde*. Constantinople, 1880.

VANUTELLI (V.). — *L'Albania*. Roma, Armanni, 1886.

WEIGAND (Dr G.). — *Erster Jahresbericht der Instituts für rumänische Sprache*. Leipzig, Joh. Ambr. Barth. (année 1894 et suivantes).

— *Die Aromunen*. Leipzig, 1895.

WEIL (G.). — *Le Pangermanisme en Autriche*. Paris, A. Fontemoing, 1904.

XÉNOPOL (A. D.) — *Histoire des Roumains*. Paris, E. Leroux, 1896.

Mémoire présenté par les délégués valaques d'Épire et de Thessalie aux ambassadeurs à Constantinople. Péra, 8 juin 1881.

TABLE DES MATIÈRES

CARTE

DE LA

CONFÉDÉRATION ORIENTALE PROJETÉE

Notre carte géographique indique les modifications que nous proposons d'apporter à la situation actuelle de la péninsule balkanique. Nous n'avons pas cherché à donner une carte plus ou moins complète de ces régions. Notre but est simplement d'aider à la compréhension des passages topographiques contenus dans le texte de notre travail et de montrer la configuration générale de la Confédération, ainsi que certaines lignes de chemin de fer qui l'intéresseraient au premier chef.

Les seules modifications territoriales proposées dès à présent au profit de quatre États chrétiens sont l'annexion définitive de la Roumélie Orientale à la Bulgarie, celle de l'île de Crète à la Grèce et le partage de l'ancien sandjak de Novibazar — actuellement occupé par l'Autriche-Hongrie en vertu du *traité de Berlin* — entre la Serbie et le Montenegro. L'Europe, en effet, n'aurait plus intérêt à faire surveiller par la monarchie dualiste, dans le but éventuel du maintien de l'ordre, des régions dont la Confédération orientale assurerait la pacification et le développement progressif.

Si nous n'avons pas tracé la ligne frontière entre l'Albanie (avec l'Épire) et la Macédoine, c'est qu'il vaut mieux, selon nous, laisser à la future Confédération le soin de délimiter elle-même les territoires de ces deux provinces. Étant donné, d'ailleurs, le régime cantonal qui devrait y fonctionner de préférence, cette délimitation ne présente qu'une importance secondaire.

OJET DE CONFÉDÉRATION ORIENTALE
PAR UN LATIN
RUSSIE
BUKOVINE
AUTRICHE-HONGRIE
TRANSYLVANIE
ROUMANIE
BUCAREST
BELGRADE
SERBIE
BOSNIE
DALMATIE
MONTENEGRO
BULGARIE
SOFIA
EMPIRE
CONSTANTINOPLE
MER DE MARMARA
MONTE BALKANS
CHALCIDIQUE
ÉPIRE
ACARNANIE
MORÉE
ARCHIPEL
SPORADES SEPTles
MER ÉGÉE
CYCLADES
MER DE CANDIE
MER ADRIATIQUE
MER IONIENNE
MER TYRRHÉNIENNE
Golfe de Tarente
Canal d'Otrante
Céphalonie
Zante
Cérigo
Lemnos
Corfou
Brindisi
Naxos
Milo
Rhodes
Karpathos
Candie
SIGNES CONVENTIONNELS

PARIS

TYPOGRAPHIE PLON-NOURRIT ET Cie

Rue Garancière, 8.

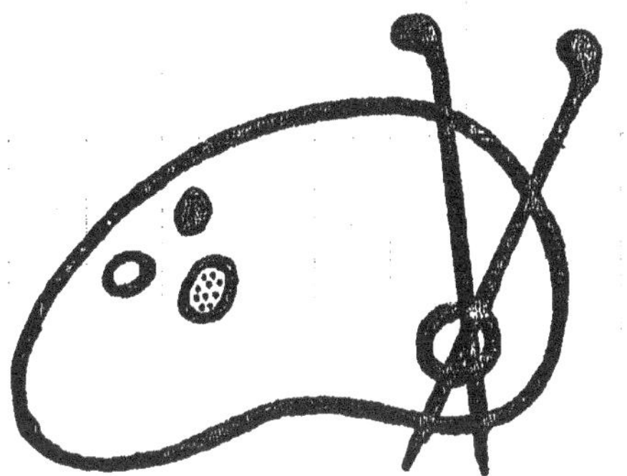

www.ingramcontent.com/pod-product-compliance
Ingram Content Group UK Ltd.
Pitfield, Milton Keynes, MK11 3LW, UK
UKHW020130220726
13923UKWH00001B/86